디트리히 본회퍼

– 저항의 신학자

Dietrich Bonhoeffer: Theologe im Widerstand
written by Christiane Tietz
Copyright © Verlag C.H. Beck oHG, München 2019
All right reserved.
Korean translation copyright © 2022 by Dong Yeon Press

디트리히 본회퍼
– 저항의 신학자

2022년 1월 10일 처음 펴냄

지은이 | 크리스티아네 티츠
옮긴이 | 김성호
펴낸이 | 김영호
펴낸곳 | 도서출판 동연
등 록 | 제1-1383호(1992. 6. 12)
주 소 | 서울시 마포구 월드컵로 163-3, 2층
전 화 | (02)335-2630
전 송 | (02)335-2640
이메일 | yh4321@gmail.com

Copyright © 도서출판 동연, 2022

ISBN 978-89-6447-752-6 03040

Dietrich Bonhoeffer

디트리히 본회퍼

저 항 의 신 학 자

크리스티아네 티츠 지음

김성호 옮김

동연

한국어판에 부치는 글

디트리히 본회퍼는 학문과 교회의 영역에서 세계적으로 가장 영향력 있는 신학자 중 한 명입니다. 이는 한국의 신학과 교회에도 적용될 것입니다. 저의 본회퍼의 전기가 이제 한국어로 출판된 것을 매우 영광으로 생각합니다. 저는 이 프로젝트와 번역작업을 주도한 친구이자 동료인 김성호 박사에게 깊은 감사를 드립니다.

2021년 7월 8일
크리스티아네 티츠

Dietrich Bonhoeffer gehört zu den weltweit am stärksten prägenden Theologen in Wissenschaft und Gemeinde. Das gilt auch für die koreanische Theologie und Kirche. Es ehrt mich deshalb sehr, dass meine Bonhoeffer-Biographie nun auf Koreanisch erscheint. Dem Freund und Kollegen Dr. Sung Ho Kim bin ich für seine Initiative zu diesem Projekt und seine Übersetzungsarbeit tief verbunden.

Prof. Dr. Christiane Tietz

추천의 글

그리스도의 증인으로서 시대의 고통에 무감각하지 않고 타자를 위해 헌신하는 삶을 살았던 본회퍼를 통해 우리는 오늘 한국교회의 부끄러운 자화상을 들여다볼 수 있다.

본회퍼에게 전기(傳記)와 신학(神學)은 통일성을 이루고 있다. 그의 삶과 신학은 사고의 행위(Denkakt)와 삶의 행위(Lebensakt)가 불일치하거나 단속적으로 발전된 것이 아니라 서로 연속적인 상관관계를 가지며 전개되었다. 다시 말하면 그의 신학은 현실의 경험에서 방향과 추진력을 얻었으며 그의 경험은 신학으로 인해 예비되고 추체험되었다. 본회퍼에게 인식과 행동의 일치는 그의 신학이 결코 형이상학적 개념과 난해한 논리로 채워진 추상적인 언어의 유희가 아니라 현실(Wirklichkeit)과 실천(Praxis)의 순환고리를 잇는 실천적 해석학이었다는 것을 보여준다.

본회퍼의 삶과 신학은 기독교를 현실의 종교로 인식하고 기독교인의 책임적인 삶은 현실에 적합한 사고와 행동으로 나타나야 한다는 것을 강조한다. 그런 점에서 칼 프리드리히 폰 바이체커(Karl Friedrich von Weizäcker)는 본회퍼의 일생을 "현실로의 여행"(Eine Reise nach Wirklichkeit)으로 표현했다.

한국본회퍼학회에서 본회퍼신학의 계승과 발전을 위해 많은 노력을 쏟고 있는 김성호 박사가 번역한 이 책은 무엇보다 본회퍼의 삶과 신학의 통전적인 이해를 가능하게 하는 매우 값진 노작이다.

이 책을 읽는 독자들은 본회퍼와 함께 한국교회에 드리워진 두터운 장막을 걷어내고 새로운 현실로의 여행을 탐색해보는 계기를 가지게 될 것이라고 믿는다.

한국본회퍼학회 회장/한신대학교 총장

강성영

추천의 글

　김성호 박사(Dr. Sung Ho Kim)는 독일 신학자 디트리히 본회퍼(1906년 2월 4일 ~ 1945년 4월 9일 사망)의 박사학위 논문으로 그의 사상에 대한 연구를 시작하였습니다. 본회퍼의 박사학위 논문은 읽고 해석하기에 까다로운 학문적 저술입니다. 이 논문에는 다양한 학문적인 부문들이 결합되어 있습니다. 그것은 인간 상호 간의 삶의 사회철학적 그리고 사회학적 사상들과의 깊은 논의와 더불어 교회에 관한 신학적 담론입니다. 김 박사는 본회퍼의 박사학위 논문에서부터 민족들 사이에서의 평화를 기여하기 위한 과제를 해석하는데 몰두하였습니다.

　크리스티아네 티츠(Christiane Tietz, 1967년생) 교수는 1933년부터 전쟁이 있었고 1939년부터 전쟁이 지배했던 본회퍼의 생애를 강조하기 위해 그녀의 책 제목의 부제에 "저항"(Widerstand)이라는 단어를 사용했습니다. 독일에서 아돌프 히틀러가 집권한 후 기독교 교회의 성도들은 누가 만유의 주인지 고백해야 한다는 도전을 받았습니다. 신앙 고백의 상황에서(in statu confessionis), 긴급한 경우에 한 가지에 대해 분명한 입장을 취해야 합니다. 그것은 교회 투쟁을 의미했습니다. 이에 본회퍼는 정부가 교회를 지배하며 요구하는 것, 국가 사회주의와 일치되는 의견을 취하는 것에 대해 단호한 반대의 입장을 취했습니다. 그리고 전쟁 중에 본회퍼는 히틀러 암살을 통해, 군사적 정복과 사랑받지 못하는 인종의 사람들의 말살명령을 중단시키기 위해서, 그의 권위를 종식시키고자 하는 사람들 중의 한 신학자였습니다. 그러나 계획된 공격은 실패했습니다. 수많은 다른 사람들과 함께 본회퍼는 히틀러의 명령에 의해 희생되었습니다.

티츠 박사가 이 책을 썼을 때, 그녀는 세계 본회퍼 학회의 독일어권 지부의 회장이었습니다. 전 세계에는 그러한 지부가 많이 있습니다. 한국 지부(한국본회퍼학회)는 1989년 4월 9일(본회퍼가 사망한 날)에 설립된 걸로 알고 있습니다.

이 책을 통해 티츠 박사는 C.H.Beck 출판사의 의도에 따라 디트리히 본회퍼에 대한 알기(Wissen)를 추구합니다. 정치적으로 극적인 시간에 국한되지 않고 어린 시절부터 본회퍼의 삶, 베를린 대학 및 고백교회의 설교학 세미나에서 교육과정과 그의 교수 사역을 보고합니다. 그녀는 훨씬 더 정확한 사실이 발견될 가능성이 희박한, 명확하고 확실한 사실들로, 이 책을 성공적으로 집필하였습니다. 한편, 찬송가가 된 시 "선한 능력으로"(Von guten Mächten)는 (알려진 다른 버전과는 조금 다르게) 1944년 12월 19일 디트리히 본회퍼가 그의 약혼자 마리아 폰 베데마이어에게 쓴 것과 같은 내용을 담고 있습니다.

이 책은 중요한 통찰로 가득 차 있으며, 희망하는 대로 새로운 통찰을 불러일으킵니다.

하노버, 2021년 8월 20일
일제 퇴트 박사(Dr. Ilse Toedt)

머리말

"인식은 그것을 얻게 된 실존으로부터 분리될 수 없다." 디트리히 본회퍼의 이러한 견해는 그가 왜 독일어권을 넘어 유명하게 되었는지를 정확하고 적절하게 표현합니다. 본회퍼에게 삶과 사상은 매우 밀착된 연관관계를 가지기 때문에 그의 비범한 삶의 여정은 그것에 대한 신학에 호기심을 가질 수밖에 없게 만들었고, 반대로 그의 신학적 테제들은 그의 삶의 경험들에 의해 관철되었습니다. 인간 본회퍼를 깊이 연구하는 사람은 그의 신학에 대한 논쟁을 회피할 수 없고, 그의 신학을 이해하고자 하는 사람은 그의 전기(傳記)를 인지해야 합니다.

디트리히 본회퍼는 국가사회주의에 반대하고 저항을 주도하는 개신교 신학자들 중에 한 사람이었습니다. 이미 일찍이 그는 이 국가사회주의로부터 시작되었던 위협들을 알고 있었습니다. 그는 고백교회의 설립에 참여하였고, 후에 설교학 세미나(신학원)의 지도자 역할을 감당했습니다. 전쟁 기간 동안에 그는 1944년 7월 20일 아돌프 히틀러 암살을 준비했던 정치적 공모자들의 그룹에 가담하였습니다. 국가사회주의자들에 의해 체포된 후 그는 삶의 마지막 2년을 감옥에서 보냈습니다. 전쟁이 끝나기 얼마 전에 그는 플로센뷔르크에 있는 정치범수용소에서 교수형을 당했습니다.

본회퍼가 고백교회 내에서는 대부분 너무 급진적이라고 간주되었고, 그의 정치적 저항이 전후 몇 년간은 많은 기독교인들의 몰이해에 부딪힌 반면에, 나중에는 거의 일반적으로 긍정적인 본회퍼-표상 (Bonhoeffer-Bild)이 완성되었습니다. 그의 신학이 지닌 학문적 특성에 이의를 제기하는 목소리는 여전히 있지만, 그의 저술들은 오늘날까지 널리 읽히고 있습니다. 교회의 테두리 안에서 그는 영감의 원천 (Inspirationsquelle)으로 환영되었고, 수많은 역사가들과 신학자들이 그에 관해 연구하였습니다. 그에 대한 존경심이 너무나 치솟은 나머지, 본회퍼는 독보적인 영웅이나 유례없는 현학자로 이미지가 굳어졌습니다. 여기에는 실제의 인격과 그의 저작들이 그의 이미지 형성에 너무 적게 연관되었다고 볼 수 있습니다.

그것과 다르게 이 책은 거의 70년이라는 시차를 염두에 두고, 본회퍼를 그가 활동한 시대의 상황에서 구성하며 그의 삶과 저작에 대한 비판적인 질문을 통해 왜곡하지 않고자 합니다. 그의 일대기를 연대순으로 추적함으로써 그의 사상적 발전이 연결될 것입니다. 에필로그에서는 본회퍼의 수용 상황을 간략하게 묘사할 것이고 결론적으로 본회퍼의 현실성(Aktualität)에 관해 질문할 것입니다.

크리스티아네 티츠

차 례

1 장

브레슬라우에서 베를린으로
(1906~1923년)

가문(家門)

　정치적으로 저항한 많은 구성원들과 마찬가지로 디트리히 본회
퍼 또한 중상류층 가족의 일원이었다. 그의 아버지 칼 본회퍼(Karl
Bonhoeffer)는 브레슬라우에서 정신과(Psychiatrie)·신경과(Neurologie) 교
수로 있었고, 1912년부터는 베를린 샤리테(Charité) 병원에서 근무했
다. 그는 16세기 이후 슈베비쉬 할(Schwäbisch Hall)에서 거주한 집안 출
신으로, 칼 본회퍼의 어머니인 율리에 타펠(Julie Tafel)은 혁명적이고
사회주의적 성격이 뚜렷한 인물로서 가족이 되었다.

　디트리히 본회퍼의 어머니인 파울라 폰 하제(Paula von Hase)는 브레
슬라우의 목사이자 총회 위원이었던 칼 알프레트 폰 하제(Karl Alfred
von Hase)의 딸이었으며, 칼 알프레트 폰 하제는 저명한 예나대학의 교
회사 교수인 칼 아우구스트 폰 하제(Karl August von Hase)의 아들이었다.

파울라 폰 하제의 어머니인 클라라 그래핀 폰 칼크로이트(Clara Gräfin von Kalckreuth)는 프로이센 화가 집안이라는 배경을 가지고 있다. 그녀는 클라라 슈만(Clara Schumann)과 프란츠 리스트(Franz Liszt)에게 피아노 교육을 받았다. 시민적 이상은, 결과적으로 예술 못지않게 똑같이, 오래된 보편적 전통 사회를 개혁하려는 용기로 디트리히 본회퍼 가문의 선조들에게 영향을 끼쳤다. 이러한 다양한 특징들은 그의 삶의 여정 속에서 함께 구명되어야 한다.

디트리히 본회퍼의 아버지는 엄격하고 권위적인 성격을 지닌 인물이었다. 한 동료는 그에 대해 다음과 같이 판단했다. "그가 기본적으로 무절제하고, 지나치고, 규율이 없는 것에 불쾌하게 여기는 것과 마찬가지로, 그 자신은 스스로 모든 것에 침착하고, 규율에 엄격하였으며, 대단히 자기관리를 잘하는 사람이었다"(Zitiert nach Leibholz-Bonhoeffer, 23). 그는 학문적으로 지그문트 프로이트(Sigmund Freud)나 칼 구스타프 융(Carl Gustav Jung)의 무의식이나 억압된 감정을 연구하는 심리분석 방법론을 따르지 않았다. ―더욱이 자기 아들 디트리히처럼, 심리적인 자아도취 환자에 대해서는 늘 회의적이었다. 칼 본회퍼의 고유한 접근방식은 뇌병리학적인 조사 결과를 추구하는 것이었다. 칼 본회퍼가 다른 이들과 개인적인 교제 속에서 감정이입의 경험이 있을 때마다, 그는 그와 같은 이들이 자신의 고유한 감정을 조절할 수 있는 것을 핵심적인 미덕으로 여겼다. 그는 자신과 타인들에게 수다스러운 것을 경시했다. 그래서 본회퍼의 형제들은 그날 일어난 중요한 일들을 이야기할 때만 식탁에서 대화하는 것이 허락되었다. 그런데도 아이들은 아버지를 매우 좋아했고, 그가 있는 곳으로 모여들었다.

디트리히 본회퍼의 어머니는 관계지향성과 감정지향성이 더 강한 사람이었다. "그녀는 큰 용기를 지닌 사람이었고 자연친화적으로 활발하게 또한 매우 온화하게 말했는

사진 1: 파울라 본회퍼와 여덟 남매. 아래 왼쪽부터 우줄라, 디트리히, 수잔네, 자비네, 크리스티네, 위 왼쪽부터 발터, 칼-프리드리히, 클라우스 1911~12년 촬영

데, 그것은 그녀에게 평소 다르게 생각되었던 것을 평등하게 대하기 위한 방법이었다. 그녀는 그녀가 옳다고 여긴 것은 실천으로 옮겼다"(Leibholz-Bonhoeffer, 16). 많은 가사도우미들이 어머니가 담당해야 했던 집안일들을 덜어주었다. 아이들로부터 많은 사랑을 받았던, 경건주의에 뿌리를 둔 신앙을 가졌고 헤른후터파(Herrnhuter)였던 마리아 호른(Maria Horn)은 아이들의 교육을 도왔다. 교육학을 전공했던 어머니는 부분적으로 직접 수업을 담당했는데, 시간이 지나서는 마리아 호른과 친자매 사이인 캐테 호른(Käthe Horn)을 통해 이루어졌다. 그러나 어머니는 종교 교육에 대해서는 스스로 책임 있게 계속해서 실시하였다. 그녀는 저녁마다 아이들과 책상 곁에서 기도하였으며 아이들에게 성경

이야기를 들려주었다. 당연히 아이들은 견진례를 받았다. 그러나 가족들은 정기적으로 교회 예배에 참석하지는 않았다.

디트리히 본회퍼는 1906년 쌍둥이 자매인 자비네(Sabine)와 함께 브레슬라우에서 태어났다. 본회퍼와 자비네는 각각 여섯째, 일곱째였으며 그의 형제들로는 칼-프리드리히(Karl-Friedrich), 발터(Walter), 클라우스(Klaus)와 두 누이인 우줄라(Ursula)와 크리스티네(Christine)가 있었다.

여러 형제 중 마지막으로 3년 후에 막내 수잔네(Susanne)가 태어났다. 칼-프리드리히는 물리학자가 되었고, 발터는 제1차 세계대전 때 18세 나이의 군인으로 세상을 떠났으며, 클라우스는 법률가가 되었다. 우줄라는 법률가인 뤼디거 슐라이허(Rüdiger Schleicher)와 결혼하였고, 크리스티아네는 변호사인 한스 폰 도나니(Hans von Dohnanyi)와 결혼하였다. 이 둘은 클라우스와 디트리히 본회퍼와 함께 아돌프 히틀러에 반대하여 정치적 저항에 참여하였으며, 이를 위해 그들은 1945년에 생명을 내어놓았다. 자비네는 국립변호사였던 게르하르트 라이프홀츠(Gerhard Leibholz)와 결혼하였고, 수잔네는 신학자인 발터 드레스(Walter Dreß)와 결혼하였다.

베를린 유년기와 청소년기

1912년 브레슬라우에서 베를린으로 옮겨간 이사는 디트리히 본회퍼의 남은 인생의 여정을 결정짓게 한다. 가족은 먼저 도심인 티어 가르텐(Tiergarten) 근처의 집에서 살았다. 디트리히 본회퍼가 열 살 때 그룬네발트(Grunewald)에 있는 집으로 이사를 했는데, 당시 저명한 물리학자였던 막스 플랑크(Max Planck), 교회사학자였던 아돌프 폰 하르낙(Adolf von Harnack) 그리고 역사학자였던 한스 델브뤼크(Hans Delbrück)과 이웃사촌으로 지냈다. 함께 음악을 연주하는 것은 가족생활에서 특별한 비중을 차지하였다. 디트리히 본회퍼는 피아노를 배웠고, 1943년 그가 체포되기 전까지 규칙적으로 연주를 하였다. 휴가철을 위해 부모님은 하르츠(Harz)의 프리드리히스브룬(Friedrichsbrunn)에 산림 감독관의 관사였던 집을 구입하였다. 본회퍼의 어린 시절 그곳에서 지냈던 잔상은 후에 투옥되었던 시간까지 남아있었을 것이다. 그는 감옥에서 다음과 같이 기록하였다.

> 환상 속에서 나는 자연 속을, 그것도 여름 산허리 지역들, 다시 말하면 프리드리히스브룬의 숲속 잔디밭이나 브로켄(Brocken)에 있는 트레제부르크(Treseburg)를 올려다 볼 수 있는 언덕을 거닐고 있다네. 나는 잔디에 누워 산들바람을 맞으며 푸른 하늘을 가로질러 움직이는 구름들을 바라보고, 숲속의 속삭임을 듣는다네. 이러한 종류의 강력한 어린 시절 인상들이 전체적인 인간 형성에 얼마나 큰 영향을 주는지 놀라울 뿐이라네. 예컨대 내 경우에는 어린 시절의 이러한 인상들로 인해 우리가 높은 고산지대나 바닷가에서 산다는 것은 솔직히 불가능하고, 나의 기질과도 맞지 않는 것 같네! 산허리 지역이 내 기질에 맞고 […] 그것이 나를 형성시켰다네. (DBW 8, 322)

성인이 된 아이들은 행복했던 어린 시절을 떠올렸다. 시간이 지나도 역시 가족의 끈끈함은 변하지 않았다. 이것은 가족구성원들 사이에 주고받았던 수많은 편지들이 증명해준다. 그들은 서로 신뢰 가득한 관계를 가지고 있었고, 믿었고, 특별히 부모님의 후원으로 재정적으로 독립할 수 있었다. 디트리히 본회퍼는 이러한 가족관계의 좋은 점도 인식했지만, 또한 그 안에 놓여 있는 아이러니한 점도 인식했다. 학창 시절 그는 다음과 같이 말했다.

> 나는 한번쯤 보호받고 싶지 않다. 우리는 다른 사람들을 이해할 능력이 없다. 우리에게는 모든 어려움을 가볍게 해주시는 부모님이 계신다. 그리고 우리가 멀리 떨어져 있을 때에도, 우리에게 지나친 안전감을 주신다. (Zitiert nach Bethge, 42)

신학을 공부하기로 결정하다

디트리히 본회퍼의 지적인 특징은 지금은 발터-라테나우-학교 (Walther-Rathenau-Schule)가 된 프리드리히베르더-그룬네발트 김나지움 학창 시절이 중요한 역할을 했다. 그가 1919년에 입학했던 이 두 학교는 저명한 인문계 고등학교였다. 본회퍼가 고등학생 시절에 역사와 문학, 철학과 다양한 예술들에 대해 가졌던 관심은 이 학교의 수업들을 통해 충족되었다. 당시의 청년운동을 하던 청년대원과 본회퍼의 만남이 있었다. "[…] 거기서 매주 일요일 오전에 공부를 하고,

전쟁놀이 같은 것을 합니다. 그것은 늘 재미있습니다"(DBW 9, 23)라고 열세 살 본회퍼는 할머니께 편지를 썼다. 1918년 11월 혁명 그리고 1922년 발터 라테나우 외무장관의 살해와 같은 정치적 변혁을 본회퍼는 베를린에서 가장 가까운 곳에서 경험했는데, 라테나우를 살해하는 총성을 그는 자기 교실에서 들을 수 있었다.

디트리히 본회퍼가 신학공부를 하기로 결정을 했을 때, 그의 가족들은 상처를 입었었다. 왜냐하면 당시에 교회는 자체적으로 전혀 제역할을 감당하고 있지 못했기 때문이다. 무엇보다도 그의 아버지는 직업 선택에 관해서 굉장히 실망을 했다. 그는 교회 저항의 절정에서 자기 아들을 회고하면서 걱정했었다:

조용하고 유연하지 못한 목사가 된다는 것은, 내가 나의 슈바벤의 삼촌에게서 알게 된 그리고 묘리케(Mörike)가 묘사하듯, 사실 거의 너에게 유감스러운 일이었다. 유연하지 못하다는 것은 사실 나에게는 실망스러운 일이었단다. (DBW 13, 90)

무엇이 본회퍼가 이러한 결정을 하게 한 것인지 밝혀진 바는 없다. 아마도 그의 형 발터가 1918년 4월 전장(戰場)에서 맞은 이른 죽음이 작용했을 것이다. 진군하는 중 부상당한 지 닷새 후에 발터는 전사했다. 온 가족은 그의 죽음에 매우 슬퍼했고 한동안 그의 어머니는 슬픔에서 헤어나오지 못했다. 몇 주간의 심한 우울증을 겪은 어머니의 모습을 본 열두 살의 본회퍼는 당황스러웠다. 디트리히 본회퍼가 견진례를 받을 때 어머니는 성경책을 발터의 선물로 주었다. 그는 일생 동안 성서 강의들이나 설교를 준비할 때 이 성경책을 사용했다. 전쟁 기간 동안 지인들의 죽음에 관한 소식들은 아이들의 마음을 무겁게 하였다. 자비네 라이브홀츠-본회퍼는 다음과 같이 전한다.

> 우리는 사촌과 급우의 아버지들 죽음에 관해서 들었습니다. 그렇게 우리는 밤마다 기도하고 찬송하였습니다. […] 오랫동안 깨어있는 채로 우리의 죽음과 영원한 삶을 상상하기를 시도했었습니다. […] 열두 살 무렵 디트리히가 그의 방으로 왔을 때, 천둥소리가 들릴 때면, 수지(수잔네 본회퍼)와 나는 하나님만 생각할 것을 약속했습니다. (Leibholz, 17f.)

전쟁을 겪으면서 아이들은 아이들이 보통 그 나이 때에는 아무런 역할도 하지 않았을 주제와 질문들을 대질시켰다. 26살의 나이에 디트리히 본회퍼는 그가 어린아이로서 기꺼이 죽음에 대해 심사숙고하고, 하나님께서 허락하신 죽음을 소망하고 있었고, 다른 사람들에게 "죽음은 힘든 일이 아니라 하나님을 믿는 자들에게는 영광된 것이라고"(DBW 11, 373) 고백할 수 있다는 것을 자기반성적으로 깨달았다. 동시에 그는 삶에 집착하고 있으며, 이 내적 갈등을 부끄러워한다는 사실을 알아차렸다.

본회퍼의 친구이자 전기를 집필했던 에버하르트 베트게는 자기 형의 죽음에 대한 충격이 이러한 직업을 자립적으로 원했던 하나의 요소라고 추측했다. "[…] 그는 고독했기 때문에 신학자가 되었다. 그리고 그는 신학자가 되었기 때문에 고독했다"(Bethge, 62). 본회퍼는 후에, 자기가 신학의 길을 가겠다고 결정했을 때 거기에는 개인적인 믿음의 확신 외에도 주목의 대상이 되고 싶었던 허영심에 속하는 몫이 어느 정도 있었다고 털어놓았다.

2 장
튀빙엔에서 베를린으로 돌아오다
(1 9 2 3 ~ 1 9 2 7 년)

튀빙엔에서 보낸 두 학기

디트리히 본회퍼는 1923년 초 튀빙엔에서 신학공부를 시작했다. 그는 자기 아버지가 공부했었던 대학에 입학하였고, 잘 알려지지 않은 대학생 조합인 〈고슴도치〉(Igel)에 가입하였다. 공동 토론과 활동이 무엇보다도 그를 매료시켰던 이유는 아마도 그가 정치적 성향에 대한 질문을 명확히 갖지 않았기 때문이었을 것이다. 그러나 그는 1933년에 아리안 조항이 공포되고, 비(非)아리안 회원들을 배제했을 때, 〈고슴도치〉를 떠났다. 튀빙엔에 머무는 동안 2주간의 군사훈련도 있었는데, 부모님과 상의한 후에 참여했다. 왜냐하면 그는 "위급한 상황에서 안전감을 갖게 도움을 줄 수 있도록 이 문제를 해결하는 것이 빠를수록 좋다고"(DBW 9, 67) 생각했기 때문이다.

본회퍼는 튀빙엔에서 중요한 신학자인 아돌프 슐라터(Adolf

Schlatter)와 칼 하임(Karl Heim)의 강의를 들었지만, 더 큰 관심을 가지고 철학자 칼 그로스(Karl Groos)의 강좌에 참석했다. 그가 다룬 인식론적인 질문은 본회퍼를 몇 년 동안 사로잡고 있었다. 그러나 본회퍼는 튀빙엔에서 별다른 열정을 가질 수 없었기 때문에, 두 학기 만에 베를린으로 돌아오기로 결정했다.

이탈리아 여행

본회퍼는 그의 형인 클라우스와 함께 앞으로 자기 인생 행보를 결정짓게 될 두 달 동안의 유럽 남부지역 여행을 떠났다. 1924년 봄에 두 형제는 우선 2주 반 동안 로마에 머물렀다. 고대의 기독교 건축물과 더불어 당시 약동하고 있던 현대적이고 세계적인 도시 로마는 그들에게 깊은 인상을 남겼다. 당시 수녀회에 속했던 스페인식 계단 꼭대기에 있는 교회인 트리니타 데이 몬티(Trinità dei Monti)에서 미사를 마친 후, 디트리히 본회퍼는 자신의 일기에 예비 수녀들의 저녁 기도회에서 "가장 깊은 경건의 다른 어떠한 것도 결코 첨가되지 않은 있는 그대로의 예배라는 인상을 가졌고, 진정한 의미에서 신성한 예배를 경험했다"고 썼다. 일기는 다음과 같이 마감되었다.

> 오늘은 영광스러운 날이다. 로마의 첫날은 가톨릭 때문에 무언가 실제적인 것을 깨닫게 되었는데, 신비적인 분위기(Romantik) 같은 것은 아니고, 내가 믿는, 이해해야만 하는 '교회'라는 개념을 붙잡게 된 것이다. (DBW 9, 89)

이러한 발견은 신학도에게 예상치 못했던 것이다. 신학적 실존을 시작해야 하는 본회퍼에게, 교회라는 성도들의 실제적인 공동체적 삶은 아직 의미가 없었다. 그것은 아마도 그의 가족이 거의 제도적인 교회와는 상관없는 신앙을 경험했기 때문이었을 것이다. 본회퍼에게 첫 로마 여행은 —전 세계 사람들이 속한 교회의 생생함을 감안할 때— 그리스도인들에게는 보이는 교회와 공동체적 예배가 본질적인 것

사진 2: 디트리히 본회퍼의 튀빙엔 학생 시절, 1923년 즈음

이라는 사실을 명백히 깨닫는 계기가 되었다. 교회 안에서 죄의 고백이 가능하고, 죄를 용서받는 보속(補贖)의 효력에 대해서 그는 매료되었다. 왜냐하면 참회를 통해 성도들이 혼자가 아니라 성도들의 공동체 안에 서 있음을 구체적으로 경험할 수 있기 때문이었다.

마리아 마조레 대성당(Maria Maggiore)의 오후, 대 참회의 날, 모든 참회의 장소는 자리를 메웠고, 기도하는 자들이 그곳을 둘러싸고 있었다. 여기에서는 가톨릭주의에 반대하는 모든 말이 적용되지 않고, 기쁨으로 가득한 가장 진지한 얼굴들을 많이 볼 수 있다. […] 참회는 경솔하게 이루어져서는 안 된다. […] 참회는 […] 종교적 시야가 트인 사람들에게는 참회와 사면에서 일어나는 교회 개념의 구체화(Vergegenständlichung)이다. (DBW 9, 89 f.)

교회의 현실에 관한 로마의 인상은 본회퍼에게 깊이 각인되었음에 틀림없다. 그것은 본회퍼가 그의 박사학위 논문과 교수자격 논문에서, 개신교적 관점에서 교회가 신앙을 위해 어떤 역할을 하는지에 대한 질문을 다루도록 이끌었다. 본회퍼 형제는 예정에 없었던 시칠리아와 북아프리카 트리폴리(Tripolis)를 여행하고 나폴리(Neapel)을 거쳐 다시 한 번 이탈리아의 수도를 거쳐 베를린으로 돌아갔다.

베를린에서 형성한 신학

당시 프리드리히-빌헬름-대학(Friedrich-Wilhelms-Universität)의 신학부는 대가들이 가르치고 있었다. 저명한 교회사가인 아돌프 폰 하르낙(Adolf von Harnack)은 1921년 이후에 은퇴를 했지만, 소수의 학생들을 위한 세미나를 열고 있었는데, 본회퍼도 초대되었다. 학생들은 초기 기독교 100년 역사의 텍스트를 읽었다. 본회퍼는 이 노교수로부터 소위 자유주의 신학에 대한 깊은 감명을 받았다. 자유주의 신학은 약 100년쯤 이전부터 개신교 신학의 주류를 이루고 있었다. 이 신학은 전통적 교회의 교리를 비판하고 개인의 종교성을 강조하였다. 본회퍼는 내용적으로 하르낙의 기본입장에 회의적으로 반대를 하였고, 그는 자유주의 신학의 비판가로 널리 알려진 칼 바르트(Karl Barth)를 알게 되었다. 신학부의 박사학위 논문 테제에 관해 구술시험에서 본회퍼는 하르낙에게 많은 감사를 표하기도 하였다. "제가 교수님의 세미나 때 배웠던 것, 제가 간과할 수 있는 부분들에 대해서 이해할 수 있도록 지도해 주신 것에 대해서 마음속으로부터 깊은 감사를 드립니다"(DBW 9, 477).

본회퍼는 루터 연구가인 칼 홀(Karl Holl)의 다양한 수업에 참여하였고, 루터에 관해 많은 소논문을 썼다. 바르트와 더불어 루터는 본회퍼의 고유 사상에 대부분 영향을 끼쳤다. 바르트에 대한 본회퍼의 비판은 종종 본회퍼에게 영향을 끼친 루터의 사상과 정확히 관련이 있다. 본회퍼는 박사학위 논문을 교리사가이자 조직신학자였던 라인홀드 제베르크 교수 지도하에 썼는데, 이유는 그가 교회 주제 박사학위 논문을 "반은 교회사적으로 반은 조직신학적으로"(DBW 9, 156) 쓰려고 했기 때문이다.

『성도의 교제』

본회퍼는 자기 박사학위 논문 주제의 대상을 교회로 정했다. 이미 21살에 그는 "성도의 교제: 교회사회학에 대한 조직신학적 연구"(Sanctorum Communio. Eine dogmatische Untersuchung zur Soziologie der Kirche)를 마쳤으며, 1930년에 이 연구를 책으로 출판했다. 본회퍼는 인간과 기독교 신앙의 근본적인 사회지향을 의미하는 '사회성'(Sozialität)에 대한 연구에 몰두했다. 본회퍼에 따르면, 인간은 계몽주의의 의미에서 자율적 이성적 존재라는 사실로 특징지어질 수 없다. 인간은 단지 타자에 대한 자신의 책임을 주목하게 되는 곳, 거기에서 타자와의 만남 안에서만 실제로 인간이 되는 존재이다. 다르게 말해서, 타자가 그를 마주 대할 때, 그의 도움과 사랑을 필요로 하는 '구체적인 너'(ein konk-retes Du)로 타자를 만나게 될 때, 인간은 그 자신이 누구인지 비로소 인식한다. 이러한 관점에서 인간은 인격이 된다.

인간이 사회적 존재라는 사실이 핵심으로 규정된다면, 사회적 실존은 필수 불가결하게 그리스도인 됨에 부가적으로 속해야 한다. 본회퍼는 그리스도인은 혼자서는 그리스도인이 될 수 없고, 신자들의 공동체 안에서, communio sanctorum 즉 성도들의 교제 안에서만 그리스도인이 된다고 확신한다. 단지 믿음 안에서 인간은 그가 사회적으로 어떻게 처하는지를 이해할 수 있는데, 왜냐하면 믿음 안에서 인간의 실존이 온전히 새로운 지향성을 수행하기 때문이다. 죄 안에 있는 인간은 타자와 순전한 관계를 요구하는 상태 속에 서 있고 또 자기 자신에게도 마찬가지인 반면에, 믿음 안에서 사람은 스스로 맺은 관계(Selbstbezogenheit)로부터 자유롭게 되고 타자에게도 열릴 수 있게 되는 것이다. 이것은 신학적인 이념이라기보다는 본회퍼에 의하면 매우 구체적으로 발생하는 공간인데, 이 공간은 인간들이 서로 교회로서 있는 곳에, 즉 예배를 드릴 때, 타자를 위해서 기도하고 잘못을 서로 용서하는 화해가 일어나는 곳이다. 바로 이러한 장소에서, 모든 그리스도인들이 그리스도를 믿는 믿음을 통해 하나의 공동체 안에서 이미 서 있을 때 실현된다.

본회퍼는 박사학위 논문에서 교회의 공동체 구조를 묘사한다. 이것은 당시로서는 낯선(neu) 방법이었는데, 본회퍼는 사회학적 방법을 사용하였다. 그는 교회 내에서 인간의 공동생활을 묘사하기 위해 학문적인 사회학의 개념을 사용한다. 그렇지만 동시에 그는 교회의 현실이 사회학적인 것에 속해 있지 않다고도 주장하였는데, 이것은 교회가 경험적인 인식을 통한 영역에서 발생한 것이 아니라는 것이다. 교회는 역사적 공동체로서 사회학적 도구로써 묘사되어야 하지만, 교회는 "동시에 하나님께서 임재하시는"(gottgesetzt zugleich) (DBW 1, 79) 곳이다. 교회에서 성도들의 상호소속(Zusammengehören)은 결국 비슷한 관심사나 사조직의 요구에 의해서 일어나는 것이 아니라 하나님 안에서 발생한다. 왜냐하면 예수 그리스도를 향한 그리스도인들 개개인의 관계가 성도들 상호 간의 관계 사이에서도 성립되기 때문이다. 본회퍼는 후에 『신도의 공동생활』(Gemeinsames Leben)에서도 다음과 같이 기술한다: "그리스도교 공동체란 예수 그리스도를 통해서 예수 그리스도 안에서 형성된 공동체이다"(DBW 5, 18). 동시에 그 그리스도교 공동체 안에서 그리스도는 현존한다. 본회퍼는 이 개념을 통해 "공동체로 존재하는 그리스도"(Christus als Gemeinde existierend) (예를 들어, DBW 1, 87)라는 그의 유명한 신학적 개념을 각인시켰다. 교회 안에서, 설교와 성례전과 철저한 이웃사랑 안에서 인간과 예수 그리스도는 만난다. 이것을 제외하고 오늘날 인간들이 이 땅에 살아 있는 동안, 예수 그리스도를 만날 다른 가능성은 더 이상 없다.

　　박사학위 논문에서 본회퍼는 칼 바르트의 신학과 이미 만나고 있다는 사실을 분명히 보여준다. 1924~25년 겨울학기 이후로 그는 소위 변증법적 신학이라고 하는 학풍을 강렬한 호기심으로 좇았다. 1922년에 출판된 칼 바르트의 『로마서 주석』 2판은 신학부 학생들과 목사들 사이에서 선풍적인 인기를 끌었다. 여기에서 누군가가 그 당시의 전체 신학을 비판하는 것처럼 보였다. 왜냐하면 그 안에서 **"인간은 하나님을 희생하여 위대하게 되었다"**(Barth, Die Menschlichkeit Gottes, 1956, 5)고 적었기 때문이다. 당시 신학의 실수는 인간의 종교에 관해 목소리를 높였던 것이고 하나님 대신 종교의 문화적인 힘을 강조하였던 것이다. 그러나 인간의 종교는 결코 하나님에게 다다를 수 없는데, 왜냐하면 하나님과 인간 사이에는 "끊임없는 질적인 차이"(vgl. Barth, Der Römerbrief. Zweite Fassung 1922, 151989, 73)가 있기 때문이다. 하나님은 자기 자신을 스스로 인간에게 인식하도록 해야 하는데, 그것은 하나님이 그 자신을 인간에게 계시하시는 것이다. 인간은 스스로 하나님을 결코 이해할 수 없으며, 멋대로 다룰 수 있는 분이 아니다. 본회퍼는 바르트가 종교와 계시를 구별했다는 사실을 강조했다. 그리고 신학의 과제는 하나님에 관해 말하는 것이고 그것의 시금석은 교회의 설교라는 바르트의 주제는 그를 매료시켰다. 그러나 본회퍼는 자기 교수자격 논문에서 하나님을 다룰 수 없다는 데 대해 지나치게 강조했다는 측면에서 바르트를 비판한다.

"무엇이 더 낫습니까, 수업 혹은 방학?"

박사학위 논문을 쓸 무렵에 본회퍼는 1차 목사고시 자격의 이수를 위한 과정으로 그룬네발트교회(Grunewaldkirche) 주일학교 예배에 참여했다. 그의 설교들은 직설적이었고 감정적이었다. 본회퍼는 설교와 아이들의 경험적 세계를 연결하기 위해 노력했다. 십계명에 관한 주제를 다루면서 다음과 같은 말들로 시작한다. "여러분은 모두 첫째 질문에 대하여 대답할 수 있을 것입니다. 무엇이 더 낫습니까? 수업 혹은 방학? 용기 있는 이들이 있으면 말해 보겠습니까? 수업이 더 낫다? 아! 아니요, 저는 그렇게 생각하지 않습니다"(DBW 9, 491). 여기서 그는 아이들에게 어느 누구에게는 강요와 자유가 같은 것임을, 강요받은 채 어쩔 수 없이 해야 하는 요점을 설명하기 위해 아이들을 이끌었다. 그렇게 이해함으로써, 아이들은 십계명이 그들에게 부담을 가중시키는 역할을 하는 것이 아니라 하나님이 사랑하는 자들을 위해 가볍게 만들어주는 것이라고 깨달을 수 있게 되었다.

본회퍼가 그룬네발트 아이들에게 사랑을 받는 것은 공공연한 일이었다. 몇 학생은 본회퍼와 1927년 초에 청소년 부서에서 다시 만났다. 거기에서 정치적 문화적 신학적 질문들이 제기되었고, 함께 음악회에 참석하기도 하였다.

3 장

지평의 확장
(1 9 2 8 ~ 1 9 3 1 년)

그 시대의 청년으로서 본회퍼의 광범위한 국제 경험은 매우 특별한 것이었다. 박사학위를 받은 본회퍼는 수련목회자(Vikar)로서 1년 동안 바르셀로나에 있는 독일 이민 교회로 갔고, 2년 후 뉴욕에 있는 유니온신학교(Union Theological Seminary)에서 10개월 동안 공부했다.

바르셀로나 해외 수련목회자 시절

본회퍼는 1928년 2월 바르셀로나에 도착했다. 베를린의 감독 막스 디스텔(Max Diestel)은 본회퍼에게 바르셀로나의 독일 교회에서 해외 수련 목회자가 될 수 있다고 제안했다. 본회퍼는 이전과는 다르게 한번 독립하고 싶다는 소망을 느꼈기 때문에 먼저 부모님과 상의했다. 스페인어 일기에서 본회퍼는 그 제안에 대해 "스스로" 결정했다고 적었다. 그와 같은 일은 그에게 종종 일어났다. 그는 어떤 일에 대해 예 또는 아니오를 말하지 않았지만, 어떨 때는 명확한 결정이 그에게 일어났는데, 이는 본능적인 방법보다 훨씬 덜 지적인 선택이었다. 그의 인생에서 다른 결정적인 지점에서도 비슷한 경우를 관찰할 수 있다.

본회퍼에게, 그가 나중에 쓴 것처럼, 바르셀로나의 시간은 "에큐메니칼 그리스도교(ökumenischen Christenheit)와 […] 첫 만남"(DBW 16, 366)이었다. 여기에서 처음으로 그에게 그리스도교는 국가교회가 아니라 세상 곳곳의 교회라는 사실이 분명해졌다. 이러한 통찰은 몇 년 후 에큐메니칼 운동과 평화에 대한 헌신 그리고 독일 그리스도인들(Deutschen Christen) 연맹의 민족주의적 사고에 대한 비판에 방향을 제시하는 것으로 이어졌다. 본회퍼는 수련목회 기간에 마드리드(Madrid), 마요르카(Mallorca), 모로코(Marokko), 안달루시아(Andalusien) 등 여러 차례 스페인을 여행하는 동안, 그의 지평은 문화적으로도 넓어졌다.

그러나 교회에서 사역은 쉽지 않았다. 그는 지도 목사인 프리드리히 올브리히트(Friedrich Olbricht)와 충분히 잘 지냈고 서로를 어느 정도 좋아했다. 그런데도 본회퍼는 일기에서 그들이 기본적으로 서로에게 낯선 사람으로 남아 있다고 결론지었다. 본회퍼는 어느 편지에서 둘 사이에 특정 경쟁 상황이 있었다고 적었다. 본회퍼가 회중에 소개되고, 설교할 때 훨씬 더 많은 교인들이 예배에 참석하기 시작하자, 올브리히트는 더 이상 주일 강단에 설교자를 미리 알리지 않았다. 이외에도 본회퍼는 베를린의 경험을 잘 살려서, 출석률이 좋은 주일학교 예배를 만들었다. 교회에는 도움이 필요한 독일인들이 의지할 수 있는 사회 지원 센터가 포함되어 있었다. 1920년대의 어려운 경제 상황은 근무 시간에 온 많은 사람들에게 영향을 미쳤다. 본회퍼의 편지에서 그가 이 일에 어려움을 겪고 있었음을 알 수 있다.

> 목사님이 안 계시는 동안 나는 오전 9시부터 오전 11시까지 자선 단체 상담 시간을 홀로 열어야 했어. 비록 매우 유익하고 흥미롭긴 했지만, 대부분 일반적으로 하루를 시작하기에는 그리 즐겁지는 않았지. 사람들은 항상 거짓말을 하고 있어. 나중에 뭔가를 밝혀내려고 하는 사람은 거의 없고, 분명한 양심을 가지고 정말로 돕고 싶은 경우도 거의 없어. 그것은 정말 유감스러운 일이지. (DBW 10, 51: 1928년 4월 22일 본회퍼가 쌍둥이 여동생 자비네에게 보낸 편지 중에서)

한편, 이 경험을 통해 본회퍼는 매우 다양한 사람들에게 마음을 개방하는 방법과 스스로를 그리스도교인이라고 부르는 사람들과 진정한 그리스도교인을 더 잘 구별하는 법을 배웠다. 수감 시절에 더 분명해진 '그리스도교 세계'의 가면(Maskerade)에서 멀리 떨어진 사람들을 있는 그대로 만난다.

> 열정을 가진 사람, 범죄 유형, 목표가 거의 없는 사람, 본능이 거의 없고 범죄가 없는 사람—양쪽 모두에서 노숙자라고 느끼는 모든 사람들, 친근한 방식으로 그들과 대화할 때 녹아내리는 모든 사람들—실제 사람

들, 나는 이것이 분노보다 은혜의 아래 있을 가능성이 높다는 인상을 받았지만 오히려 기독교 세계는 은혜보다 분노가 더 많다고 할 수 있다 네. '나는 나를 구하지 아니하던 자에게 물음을 받았으며 나를 찾지 아니하던 자에게 찾아냄이 되었으며 내 이름을 부르지 아니하던 나라에 내가 여기 있노라 내가 여기 있노라 하였노라'(이사야 65:1). (DBW 10, 90f: 1928년 8월 7일 본회퍼가 헬무트 뢰슬러에게 보낸 편지)

정기적인 설교 외에도 본회퍼는 교회에서 공동체 강연을 했다. 그들 중 일부는 청년의 깨지지 않은 정념(Pathos)을 보여주고, 일부는 나중에 그에게 매우 중요한 의미가 되었던, 신학적으로 근본적인 결단을 드러냈다. 구약의 예언자들에 관한 강의에서 본회퍼는 제1차 세계 대전으로 인한 불확실성과 유럽의 어려운 경제적 사회적 상황을 고려하여 청중에게 엄중히 권고했다:

이 시대는 혼란에 빠졌습니다. 우리 국민과 유럽의 삶의 능력은 망가진 것 같습니다. 타락, 부도덕, 냉소주의, 부패의 추한 얼굴이 구석구석에서 미소 짓습니다. 이를 고려하여 단순해지는 것이 중요합니다. […] 일어나고자 하는 민족은 하나님의 뜻에 대해 진지해야 하고, 도덕적인 삶에 대해 진지해야 합니다. 민족에게 내리는 모든 운명의 타격은 하나님께서 그들을 보내시기 때문에 정당하고 합당합니다. 그것들로부터 결과를 이끌어 내고 하나님께서 우리에게 부과하시는 짐을 짊어지기만 하면 됩니다. (DBW 10, 301)

예수 그리스도와 그리스도교의 본질에 대한 강의에서 본회퍼는 칼 바르트의 신학에서 채택한 종교와 그리스도교 신앙의 구분을 처음으로 접하게 된다. 이러한 내용들이 본회퍼의 신학과 관련이 있고, 점점 더 (시간이 지나면서) 자신만의 강조점이 많아짐에도 불구하고, 당시의 본회퍼는 칼 바르트를 완전히 추종하고 있었다. 본회퍼에게 종교는 하나님께 나아가고, 스스로 하나님께 나아가는 길을 개척하려는 인간의 시도지만, 그리스도교 신앙은 예수 그리스도 안에서 걸어오셨던 인간에 대한 하나님의 길에서 시작된다.

[하나님과 인간 사이의] 간격(Abstand)은 인간에 의해 연결될 수 없습니다. 하나님에 대한 인간의 지식은 인간적이고 제한적이며 상대적인 의인화된 지식으로 남아 있으며, 믿고자 하는 인간의 의지는 궁극적으로 인간의 목표와 동기와 함께 인간의 의지로 남습니다. 하나님을 향한 인간의 종교적인 길은 그 자체로 우리 자신의 형상대로 창조한 우리 마음의 우상으로 이어집니다. […] 인간과 하나님이 함께 걷고자 한다면, 단 한 가지 길만이 있습니다. 그것은 바로 사람을 향한 하나님의 길뿐입니다. (DBW 10, 314 f.)

같은 강의에서 본회퍼는 한편으로는 시스템 혹은 원칙과 다른 한편으로는 구체적인 역사적 실존과의 구별에 대해, 그의 사상에 근간을 이루게 될 더욱 다양한 구분(Differenzierung)을 다루었다. 완성된 시스템으로 현실에 접근하는 사람, 일반적인 원리와 원칙으로 현실을 적용할 수 있다고 생각하는 사람은 그것을 인식하지 못하고, 이전에 지적으로 형성된 자신의 이미지만을 발견할 것이다. 반대로 처해 있는 구체적인 상황과 우발적이고 상상할 수 없는 이야기에 개방적이라면 완성된 설명들과 이념들은 현실에 의해 개방되고 건강한 의미에서 자극할 것이다.

바르셀로나교회에서 했던 셋째 강연은 기독교 윤리의 근본적인 질문에 대한 원칙과 구체성의 차이를 다시 한 번 다룬다.

> [사실은] 도덕적 본성의 기독교 규범과 원칙이 없으며 결코 존재할 수 없다는 것입니다. 더욱이 '선'과 '악'의 개념은 단지 행위의 실행 안에서, 다시 말해서 그때마다 현재(Gegenwart) 안에서만 존재합니다. 원칙을 설명하려는 모든 시도는 마치 날아다니는 새를 그리려는 시도와 같습니다. (DBW 10, 323)

왜냐하면 인간이 자신의 행동에 대한 원칙들과 법칙들에 자신을 지향할 수 있다면 "하나님과 직접적인 관계없는 도덕적 행동이 있을 것"(DBW 10, 330)이기 때문이다. 그러면 그리스도인은 더 이상 하나님의 관점에서 어떠한 상황에서 선한 것이 무엇인지 스스로 물을 필요가 없을 것이지만, 하나님과는 완전히 독립적으로 선을 향한 방향을 잡을 수 있다. 그러나 동시에 인간은 더 이상 자유롭고 책임감 있게 행동하지 않고 오히려 자신의 원칙의 노예로서 행동할 것이다.

이러한 고려 사항을 명확하게 이해할 수 있다면 본회퍼가 (바르셀로나에서 행한) 윤리 강의에는 오늘날 독자가 받아들이기 힘든 진술도 포함된다. 본회퍼는 그리스도교인이 전쟁에 나가야 할지 말지에 대한 질문과 관련하여 다음과 같이 말했다.

그 순간 내 이웃 중 어느 사람이 하나님의 눈앞에서 이웃이고, 이웃이어 야만 하는지 확실히 알려줄 것입니다. 하나님은 저를 어머니 그리고 제 민족에게 주셨습니다. 내가 가진 것에 대해 이 민족에게 감사합니다. 나의 존재는 나의 민족을 통해서이며, 나의 소유도 역시 민족들에게 속 해 있습니다. 이것은 신적인 질서(göttliche Ordnung)입니다. 왜냐하면 하나님께서 민족을 창조하셨기 때문입니다. […] 내 민족에 대한 사랑 은 살생과 전쟁을 성화시킬 것입니다. 그리스도교인으로서 나는 전쟁 이 고통스럽게 하는 것에 대해 공포감을 가질 것이며, 그 모든 어려움들 에 책임을 지고, 내 영혼에 대한 모든 심각성을 짊어지고, 내가 원수를 사랑하기 위해 삶과 죽음에 대한 맹세한 것을 실천하기 위해 노력할 것 입니다. 그리고 그리스도인만이 그의 형제를 사랑할 수 있는 것처럼, 반드시 나의 민족에 대한 사랑하기와 감사하기를 실행에 옮겨야만 합 니다. 하나님께서는 나를 나의 민족으로 태어나게 하셨고, 이와 같은 일 들을 하도록 명령하셨습니다. (DBW 10, 337 f.)

그러나 본회퍼는 얼마 후, 그의 에큐메니칼 운동에 참여하는 가운 데 자신의 이러한 태도에 대해 입장을 바꿔 격렬하게 반대했다. 전반 적으로 바르셀로나의 새로운 교회적 사회적 정치적 경험은 본회퍼가 한 친구에게 썼던 편지에서 볼 수 있다.

> (바르셀로나의 경험은) 실제로 노동과 삶이 합류하는 것을 볼 수 있는 시각을 제공했다네. 그것은 우리 모두 학생 시절에 찾아봤지만 거의 찾을 수 없었던 종합(Synthese)이기도 하다네. 인간이 실제로 한 삶을 살아가고 둘이 아니라 더 나은 표현으로 절반의 삶을 살지 않는다면, 노동의 위엄과 노동자의 객관성, 구체적인 삶을 통해서만 얻을 수 있는, 자기 자신의 한계 안에서 획득하는 인식이 있다네. (DBW 10, 90)

그 결과 본회퍼는 "완전히 처음부터 그의 신학을 다시 다루어야 한다"(DBW 17, 71)는 강박감을 느꼈다. 실제로 이것은 그의 신학 전체의 특징으로 볼 수 있다. 새로운 정치적 또는 사회적 교회적인 상황들 그리고 개인적 상황들은 본회퍼로 하여금 그의 이전의 신학적 입장들을 다시 한 번 검증하게 만들었다.

베를린 조교 시절

1929년 2월 스페인에서 돌아온 후, 본회퍼는 2차 목사고시를 준비하는 동시에 교수자격 과정(Habilitation)에 지원하기로 결정했다. 본회퍼는 예정에 없던 베를린 대학의 신약학자이자 조직학자인 빌헬름 뤼트게르트(Wilhelm Lütgert)의 조교로 일했기 때문에, 실제로 이수해야 했던 설교학 세미나를 면제받았다. 바르셀로나에 있는 동안 본회퍼는 박사학위 논문의 출판을 위해 논문을 철저히 수정했었고, 동시에 이미 새로운 학문적 주제에 대해 생각하고 있었다. 1928년 7월 라인홀드 제베르크(Reinhold Seeberg)에게 보낸 편지에서 그는 다음과 같이 썼다.

제 생각은 교회사적으로가 아니라 조직신학적으로 또 다른 문제에 관한 것입니다. 그것은 신학에서 의식과 양심의 문제와 관련이 있습니다. 그러나 그것은 심리학적인 것이 아니라 신학적 연구를 의도한 것입니다. (DBW 10, 85)

실제로 본회퍼가 1930년 3월 베를린 신학부에 제출한 교수자격 논문은 철학적 인식과는 대조적으로 믿음을 인식하는 특별한 방법이 어떻게 사고되어야 하는가에 대한 질문이었다. 이 논문은 1931년 9월 『행위와 존재: 조직신학 내의 초월철학과 존재론』(Akt und Sein. Transzendental-philosophie und Ontologie in der systematischen Theologie)이라는 제목으로 출판되었다. 박사학위 논문과 마찬가지로 이 책에 대한 학문적 반응은 좋지 않았다.

다소 읽기 어려운 이 연구에서 본회퍼는 현대철학 및 신학적 구상들과 대화하면서 계시와 성도가 정확히 어떻게 생각되어야 하는지 논의한다. 계시 즉 인간에 대한 하나님의 자기 전달(Selbstmitteilung)과 활동(Zuwendung)이, 매번 사건으로 발생하긴 하지만, 항상 인간들이 거듭해서 그것을 빼앗겨버리는 것이라면, 무엇 때문에 그들의 믿음은 구체적인 실행으로만 존재하고, 실제로는 결코 인식될 수 없는 것인가? 그렇다면 계시와 '믿고 있는 자'(glaubender Mensch)는 하나의 불연속적인 자(ein unsteter)처럼, 사례별로 발생하는 행위(Akt)로 사고되어야만 하는가? 아니면 인간들을 위한 하나님의 활동 가운데 인간이 발견하는 것으로, 특정한 장소에서 계속해서 마음대로 사용하고 그것과 관련하여 계속해서 연관 지을 수 있는 것으로 다루어야 하는가? 계시와 '믿고 있는 자'는 지속가능한 존재처럼 생각되어야만 하는가?

본회퍼는 두 가지 견해가 모두 틀렸다고 결론지었다. 첫째 경우는 인간에게 자기를 내어주시는 하나님이 예수 그리스도 안에서 연결하고 확정하셨다는 사실을 간과한다. 둘째 경우에서 이러한 확정은, 하나님이 인간에게 권한을 넘겨주시고, 더 이상 그에게 진정한 요구를 구상하지 않으신다는 것으로 이해된다. 첫째 비판은 주로 칼 바르트를 향한 것이고, 둘째 비판은 주로 특정 종류의 가톨릭 신학을 향한 것이다.

본회퍼 자신은 계시와 믿음이 순전히 행위로만 이해되거나 순전히 존재로만 납득되어서는 안 된다고 주장한다. 계시는 행위와 존재 사이에서 균형을 이루고 있는 구조, 즉 그리스도를 믿는 성도들의 공동체인 교회 안에서 하나의 구조를 가지고 있다. 그리스도는 설교에서, 성찬에서, 다른 신자들 사이에서 스스로를 연결하시면서, 구체적으로 인간들을 만난다. 그리고 동시에 그리스도는 이러한 만남의 형태들이 사람들에게 자기 이해에 도전하는 주장으로 접근하는 한 교회에서 유효하지 않다.

본회퍼는 1930년 7월 31일 베를린 대학에서 "현대 철학과 신학에서 인간의 문제"(Die Frage nach dem Menschen in der gegenwärtigen Philosophie und Theologie)라는 제목으로 썼던 교수자격 논문 과정을 마친 후의 첫 강연에서 『행위와 존재』에 대한 핵심적인 통찰을 다시 한 번 요약했다.[1]

뉴욕 학생 시절

뉴욕의 시간은 디트리히 본회퍼가 바르셀로나에서 보냈던 1년보다 훨씬 더 영향을 끼쳤다. 1930년 7월 이차 목사고시를 마친 후 노회장 막스 디스텔의 추천으로 그는 독일 학술 교류처(Deutschen Akademischen Austauschdienst)에서 장학금을 받아 유니온신학교(Union Theological Seminary)에서 1년을 보냈다. 1930년 9월 5일 그는 배를 타고 미국으로 향했다. 필라델피아에서 먼 친척들과 짧은 시간을 보낸 후 그는 맨해

---

1 역자 주: 계시는 존재 자체로 머물러 있는 것이 아니다. 하나님은 인간에게 예수 그리스도를 통해 계시하고 계신다. (이러한 의미에서 본회퍼의 Christus als Gemeinde existierend 는 '공동체로 존재하는 그리스도'보다는 그리스도의 '현재성'을 강조하고, '머물러 있음의 존재'가 아니라 '교회 안에서 역동적으로 활동하고 계시는 그리스도'라는 의미에서 '공동체로 탈존하고 있는 그리스도'로 재번역 되어야 한다.) 계시는 설교, 성례전, 성도들 사이의 교제에서 지금도 계속해서 일어나고 있다. 동시에 그 계시는 하나님이 인간의 권한 속으로 넣어주신 규정으로, 이후 하나님은 인간에게 무언가 새로운 요구를 하지 않으신다. 본회퍼에게 믿음이란 이 계시 장소에 대한 참여이다. 계시의 장소인 예수 그리스도와의 교제가 일어나고 있는 교회를(혹은 그러한 구조를) 인간 스스로가 이해하려고 시도하거나 인간 스스로 주어진 계시에 대한 어떠한 반응으로 무언가 실행하려 한다면 그것은 진정한 의미에서 믿음도 아니고, 적어도 초기 본회퍼가 의도한 의미에서 '계시'에 관한 진정한 이해도 아니다.

튼의 어퍼웨스트사이드(Upper West Side)와 할렘 사이의 중앙에 위치한 신학교에 도착했다. 유니온신학교는 당시 미국 자유주의 신학의 거점이었다. 본회퍼의 유니온신학교에 대한 첫인상은 냉정했다. 그는 막스 디스텔에게 다음과 같이 썼다.

> 우선, 세미나 수업은 교수들과도 매우 친근한 개인적인 관계를 형성하고 있고, 흥미롭고 배울 점이 많습니다. [⋯] 그러나 많은 상호 토론과 대화가 너무 많은 시간을 차지하지 않도록 주의해야 합니다. 왜냐하면 사실 이러한 대화에서 아무것도 나오지 않기 때문입니다. 그리고 그것은 저를 쓸쓸한 지점으로 인도합니다. 여기에는 신학이 없습니다. 나는 본질적인 조직신학, 종교철학 세미나와 수업에 참여하고 있지만, 인상은 여전히 끔찍합니다. 객관적인 근거 없이 그리고 어떤 기준도 정해지지 않은 채로 새빨간 거짓말들이 이루어지고 있습니다. 나는 수업에서 한 학생이 그리스도에 대한 의심을 풀고, 죄의 인식에 대한 루터의 인용문이 주어졌을 때에도 부끄럽지 않게 웃을 때 종종 안팎으로 그러함을 느낍니다. [⋯] 모든 것에도 불구하고 이러한 근본적인 질문을 다시 한 번 품게 되어 감사하고 있습니다. 사실 중요한 질문이 무엇인지 그리고 우리 신학이 감사해야만 하는 것이 무엇인지 다시 한 번 깨닫고 있습니다. (DBW 10, 220 f.)

본회퍼는 처음에는 미국의 교회 상황에 대해서도 실망했다. 설교는 차라리 시사에 대한 뉴스와 비슷했다.

사진 3: 유니온신학교 안마당에서. 맨 오른쪽이 에르윈 주츠, 그 옆이 폴 레만

뉴욕에서는 예수 그리스도의 복음, 십자가, 죄와 용서, 죽음과 삶과 같은 내용에 대해서 단 한 번도 들을 수 없는 설교들이 대부분이다. […] 그러나 기독교 메시지의 위치는 무엇인가? 진보를 믿고 정확한 위치를 알지 못하는 윤리적 사회적 이상주의는 스스로를 '그리스도교적'이라고 부를 권리를 가진다. […] 본질적으로 '자선적인' 교회와 본질적으로 사회에 흡수되어버리는 교회들이 있다. 그러나 여기저기서 그것이 무엇인지 잊어버렸다는 인상을 받을 수밖에 없다. (DBW 10, 272 f.)

뉴욕에서 본회퍼는 독일인으로서 특별한 방식으로 생활했다. 그는 최근 독일의 전쟁에 대한 입장을 듣기 위한 몇몇 정치 강연에 초대되었다. 독일 상황에 대한 강연에서 그는 청중을 안심시키고, 세계대전의 결과로 거의 모든 독일 가정에 죽음이 어떻게 침투했는지 답답한 심정을 담아 설명했다. 그는 독일만의 죄책감에 대한 테제는 거부했지만, 이 전쟁을 독일 국민의 죄책감에 대한 하나님의 진노의 표현으로 묘사했다. 왜냐하면 전쟁 전에는 하나님으로부터 자신들을 멀리하고, 자기 자신들의 힘과 정의를 너무 많이 믿었기 때문이다.

이 강연에서 본회퍼의 평화 윤리에 대한 첫 주장을 만날 수 있다: 기독교 민족은 같은 아버지를 두고 서로 싸우는 일이 다시는 일어나지 않도록 해야 한다. 국가 이익을 넘어서 기독교인들은 전 세계적으로 단결하여 살았다.

이 시기의 신학 강의는 교수자격 논문에서보다 칼 바르트의 신학에 훨씬 더 강하게 자신을 동일시한 본회퍼를 보여준다. 유니온신학교의 바르트 신학에 대한 거부나 무지가 고려되어, 그가 『행위와 존재』에서 표현했던 비판은 뒷자리를 차지했다.

본회퍼는 신학교에서 함께 지내는 기숙사 생활을 좋아했던 것 같다. 그는 이것이 강한 동지애 정신을 발전시켰다는 것에 주목했지만, 이와 모순되게 갈등이 발생하면 공동체를 위해 진리를 제쳐두는 것을 선호하는 사람은 교회 투쟁에도 적용되는 비판이 돌아올 것이라고 비판했다. 그는 동료 학생들과 상당히 친해졌기 때문에 이러한 우정에서 얻은 인상은 그의 신학적 사고를 변화시켰다.

신학교 친구 중 한 명은 아프리카계 미국인 학생인 프랑크 피셔 (Frank Fisher)였고, 본회퍼는 겨울 방학 동안 워싱턴에 있는 피셔의 가족을 방문했다. 그러는 동안 그는 여러 흑인 지도자를 알게 되었다. 그는 이 여행에 대해 부모님에게 편지를 썼다.

저는 워싱턴의 흑인들 사이에서 지냈고, 학생들을 통해 흑인 운동의 모든 지도자들을 알게 되었고, 그들의 집에도 머물렀고, 매우 흥미로운 대화를 나누었습니다. [⋯] 상황들은 매우 놀라웠습니다. 워싱턴 남쪽에 있는 별도의 철도, 트램 길, 버스뿐만 아니라 예를 들어 작은 식당에서 흑인과 함께 저녁을 먹고 싶었지만, 주문을 거절당했습니다. (DBW 10, 213)

친구를 통해 아프리카계 미국인들의 어려운 생활 조건을 알게 된 본회퍼는 인종 차별적 이데올로기의 사악함을 처음으로 알게 되었다.

남부 사람들이 흑인에 대해 말하는 방식은 단순히 반발적이고, 목회자들도 다른 사람들보다 더 나을 것이 없습니다. [⋯] 형제애, 평화 등에 관한 문구가 너무 많은 나라에서 그런 것들이 완전히 수정되지 않은 채 지속되고 있는 것은 정말 무서운 일입니다. (DBW 10, 224 f.)

동시에 그는 아프리카계 미국인들 사이에서 "종교적인 힘과 독창성"(religiöse Kraft und Ursprünglichkeit) (DBW 10, 221)을 경험했고 그로 인해 영감을 받았다. 그는 젊은 흑인 작가들의 소설을 매혹적으로 읽었다.

그리고 그는 할렘에 있는 어비시니안 침례교회(Abyssinian Baptist Church)에서 동역했다. 때로는 혼자였던 프랭크 피셔와 함께 주일학교에서 가르치고, 여성들을 위한 성경공부도 인도했다. 그는 교인들의 집에 여러 번 초대되었다.

미국에서 보낸 시간에 대한 최종 보고서에서 그는 흑인 교회에서 복음을 설교하는 것을 들었다고 확언했다. 아프리카계 미국인과의 개인적인 만남은 대서양을 건너는 동안 "가장 결정적이고 가장 즐거운 사건"(DBW 10, 274) 중 하나였다.

그에게 중요한 또 다른 학생 친구는 프랑스의 개혁교회 목사인 장 라세르(Jean Lasserre)였으며, 그 또한 1년 동안 유니온에 있었다. 두 사람 모두 최신 영화 〈서부 전선 이상 없다〉(Im Westen nichts Neues)를 함께 보러 간 것이 결정적이었다. 두 사람은 프랑스 군인이 독일군에게 살해당하는 장면에 다른 관중들이 박수를 쳤을 때 낯설어했고, 서로 다른 기원에도 불구하고 기독교 신앙을 통해 서로 연결되어 있다고 느꼈다. 후에 라세르는 당시 두 사람 모두에게 평화주의가 확립되어 있었던 것으로 생각된다고 회상했다. 아마도 본회퍼가 미국에서 돌아온 후 산상수훈에 대해 방향을 수정한 것은 이 경험에 뿌리를 두고 있었을 것이다. 그러나 라세르가 원칙적인 평화주의를 선택하고 산상수훈을 이 방향으로 해석하는 동안, 본회퍼는 그리스도를 구체적으로 뒤따름으로써 그의 평화 지향을 정당화했다. 학업을 마친 후에도 둘은 에큐메니컬 작업을 통해 연결되어 있었다. 그러나 그는 우선 1931년에 멕시코로 가서 신학 세미나에 참여했고, 독일 교회들을 방문했다.

미국인 박사과정생인 폴 레만(Paul Lehmann)은 뉴욕 신학교에서 칼 바르트의 신학에 관심이 있는 몇 안 되는 사람 중 한 명이었기 때문에, 본회퍼는 다른 사람들과 다른 방식으로 그와 신학적으로 교류할 수 있었다. 1932년에 레만은 에밀 브루너(Emil Brunner)와 칼 바르트(Karl Barth)를 만날 수 있었던 교환학생 시절에 1년 동안 취리히와 본에 왔다. 1933년 봄 떠나기 전에 두 사람은 베를린에서 다시 만났다. 1939년에 그는 본회퍼의 둘째 미국 여행을 준비했던 사람 중 하나였다. 레만은 후에 본회퍼의 많은 신학적 통찰력을 자신의 출판물에 통합했다.

마지막으로, 스위스인 에르윈 주츠(Erwin Sutz)는 본회퍼의 친구였다. 본회퍼는 그와 함께 1930년 성탄 휴가기간 동안 쿠바로 여행을 갔는데, 그곳에서 그들은 하바나의 독일 학교에서 일했고 본회퍼를 양육했던 마리아 호른 자매와 함께 머물렀으며, 본회퍼는 현지 독일 교회에서 두 차례 설교를 했다.

본회퍼는 연구 방문이 끝났을 때도 당시 미국 신학에 회의적이었다. 1931년 4월 그는 할머니에게 어느 정도 앞서간다고 평가받는 조직 신학 학회에 대한 소식을 전했다. "토론은 너무 불만족스러웠고, 첫 학기 학생들의 토론과 거의 비슷해서 나는 여전히 상당히 실망했습니다." (DBW 10, 252)

그럼에도 본회퍼는 사적인 친구들을 사귈 뿐만 아니라 미국의 학술 토론에서도 자극을 받았으며, 그것은 나중에 독일에서 자기 신학을 형성하는 데도 유익을 얻었다. 현대 미국 철학, 특히 당시의 실용주

의(윌리엄 제임스, 존 듀이, 버트런드 러셀 등)에 대한 유진 윌리엄 라이먼
(Eugene William Lyman) 교수와의 개인 연구는 본회퍼에게 중요하게 다
가왔다. 본회퍼는 진리를 유용성으로 파악하려는 실용주의를 비판
적으로 보았지만, 동시에 그는 실용주의에서 발견되는 하나님 개념
에 매료되었다. "하나님은 여전히 **유효할**(geltende) 뿐만 아니라 **영향력
을 발휘하고 계시는**(wirkende) 진리이시다. 그는 인간의 삶의 과정에서
일하는 중이시거나 혹은 전혀 아무것도 하지 않으신다"(DBW 10, 269).
본회퍼는 하나님이 인간에게 의존하게 될 위험을 감지했지만, 후에
『윤리학』에서는 이 위험에 굴복하지 않고 현실을 변화시키고 있는 진
리의 자극(Impuls)을 받아들였다.

또 라인홀드 니버(Reinhold Niebuhr)와 해리 워드(Harry Ward)의 과목
들을 통해 본회퍼는 기독교 메시지를 현재의 사회 문제와 연관시키
는"사회 복음"(social gospel)의 방향을 알게 되었다. 본회퍼는 이러한 방
향으로도 신학적 사고와 성경에 대한 관심은 부족하다고 한탄했다.
동시에 그는 이곳에서 얼마나 심각한 사회적 경제적 정치적 어려움
을 겪고 있는지 깊은 인상을 받았다. 십계명, 산상수훈, 하나님의 나라
등 그가 그곳에서 만난 몇 가지 기본 사상이 그의 생각에 중요하게
자리 잡았다. 마지막 보고서에서 그는 "사회 복음"의 대표자들로부터
받은 인상이 "오랫동안 결정적"(DBW 10, 279)일 것이라고 말했다. 좋은
한 해를 보내고 미국을 떠나 귀국길에 그는 이러한 경향에 대해 큰
경의를 표했다.

여기에 실제로 사회 비상사태가 발생하고 기독교가 그에 따른 봉사에

참여하는, 끊임없는 진지한 마음은 전 세계의 기독교인 메시지 이해에

대한 미국 기독교의 결정적인 기여라고 볼 수 있다. 사회적 복음에 사로

잡힌 사람들의 인격적이고, 실질적인 열정은 그것을 접한 사람에게 결

정하도록 한다. (DBW 12, 210)

4 장
처음으로 한 일들
(1 9 3 1 ~ 1 9 3 2 년)

본회퍼와 칼 바르트의 만남

베를린 공대에서 교목으로 새 직장을 시작하기 전에 본회퍼는 칼
바르트를 개인적으로 만나기 위해 3주 동안 본(Bonn)을 방문했다. 바
르트는 1930년부터 그곳에서 조직신학 교수직을 맡았다. 본회퍼는
세미나와 박사과정 세미나에 참석했으며, 바르트가 그의 집으로 초
대하기도 했다. 그는 뉴욕 시절 그의 친구였던 에르윈.주츠에게 바르
트가 신학을 가르치는 방법을 열정적으로 설명했다.

저는 제가 이전에 가 본 적이 없는 신학의 과거에 대해서 후회하지 않습
니다. […] 바르트가 책 너머에 있는 것을 보는 것은 정말 놀라운 일입니
다. 개방성, 문제 제기에 대한 준비성, 동시에 문제에 대한 집중력과 끊
임없는 추동력이 있습니다. 왜 바르트가 글로는 그렇게 엄청나게 이해

하기 어려운지를 점점 더 이해할 수 있게 되었습니다. 나는 그의 글과 강연보다는 그의 토론에 더욱 감동을 받았습니다. 그와 같은 사람이 정말로 그곳에 있습니다. 나는 전에 이와 같은 것을 본 적도 가능하다고 생각한 적도 없습니다. […] 실제로 뭔가를 얻고자 하는 한 사람이 있고, 빈곤한 베를린에 앉아서 슬픔에 잠겨 있습니다. 왜냐하면 베를린에는 신학을 배울만한 사람이 없기 때문입니다." (DBW 11, 19 ff.)

이 첫 개인적인 만남에서 나이가 많은 사람과 어린 사람 사이에 우정 같은 것이 생겨났다. 두 사람은 서로의 출판물을 주의 깊게 관찰했고, 감옥에 있는 동안 본회퍼는 바르트의 주요 작업인『교회교의학』II/2권의 인쇄본을 그에게 보내주기를 요청하기도 했다. 비정기적이기는 했지만, 주요 교회 정치 및 전기적 요인에 대해서 본회퍼는 바르트에게 계속해서 조언을 요청했다. 그는 늘 바르트와 사적 대화를 추구했고, 특히 나중에 정치적 저항에서 더욱 그랬다. 테겔 교도소로 바르트가 보내준 시가를 가지고 있다는 사실은 그에게 경건한 기쁨을 불러일으켰다.

첫 에큐메니칼 운동 참여

본회퍼는 그의 후원자인 막스 디스텔의 권유로, 1931년 9월 케임브리지에서 열린 세계교회친선연맹(Weltbundes für internationale Freundschaftsarbeit der Kirchen) 회의와 8월 말 예비 청년 회의에서 청년 대표로 참석했다. 세계교회친선연맹은 당시 가장 중요한 에큐메니칼 협의회 중 하나였다. 사회적이고 실용적인 현안들에 대한 그의 입장(Orientierung)은 많은 그리스도교인들과 지역 교회들의 공감대를 형성했다. 회의에서 본회퍼는 세계교회친선연맹의 세 국제청년비서관 중 한 명으로 선출되었으며, 그 이후로 그는 이사회의 위원이 되었다. 그러나 연맹의 상황은 녹록치 않았다. 경제 위기는 연맹을 재정적으로 어렵게 만들었다. 독일과 프랑스에서 증가하는 민족주의는 특히 젊은 세대 사이에서 국제적인 개신교 내부 에큐메니칼 운동(innerprotestantische Ökumene)에 대한 경멸을 불러일으켰다. 일부 동시대 사람들은 그러한 에큐메니칼 운동에 참여하는 것을 당시의 정치적 상황에 대한 배신으로 보았다. 예를 들어, 두 명의 루터 연구가인 파울 알트하우스(Paul Althaus)와 엠마뉴엘 히르쉬(Emanuel Hirsch)는 함부르크에서 열린 케임브리지 회의 준비 모임 때 현재의 에큐메니칼 운동의 노력을 고려할 때 중요한 것은 다음과 같은 것이라고 발표했다.

> 다른 민족들이 우리 민족에게 살인적인 우리에 대한 정책을 추구하는 한, 공동체의 모든 인위적인 모습을 꿰뚫고, 민족 간의 화해 문제에 대한 그리스도교적이며 교회적인 이해와 협력이 불가능하다는 것을 망설임 없이 고백하는 것입니다. (Die Christliche Welt 45, 1931, 606)

본회퍼의 견해는 늦어도 그의 미국 방문과 국경을 넘어 기독교 신앙에 대한 연대감을 경험한 이후 달라졌다. 그는 다음과 같이 생각했다.

교회만이 그렇게 의심스러운 국제 대화를 공개적이고 객관적으로 진행
시킬 수 있는 근거가 될 수 있다. 타자성 안에서 타자들에게 귀를 기울이
고, 바라보는 것, 존재하는 모습 그대로 내버려 두는 것 그리고 여기서부
터 스스로를 재발견하는 것은 무언가 매우 강력한 것(Überwältigendes)
이다. (DBW 11, 362)

독일 에큐메니칼 청년 활동을 조정한 베를린 중심지에서 실행한
그의 작업 외에도 본회퍼는 세계연맹의 청년 간사로 수많은 에큐메
니칼 회의에 참석했다. 1932년 7월 체코슬로바키아 키에르노호르스
케 쿠펠레(Ciernohorské Kúpele)에서 열린 세계연맹의 국제청년평화회
의에서 본회퍼의 강연은 유명해졌다. 본회퍼는 연설에서, 에큐메니
칼 연합은 우정의 감정이 너무 경박한 나머지 신뢰할 수 없게 되었고
에큐메니칼 운동에는 신학적 근거가 없다는 인상을 받았다고 주장했
다. 본회퍼는 에큐메니칼 운동이 교회의 특별한 형상임을 주장하면
서 이에 대한 근거를 제공하려고 노력했다. 전 세계 에큐메니칼 운동
만이 교회의 선포를 전 세계로 향하게 할 수 있으며, 민족주의적 교회
소유주들(nationale Kirchentümer)은 이 광대함을 설명할 수 없었다.
　본회퍼의 관점에서 교회의 이러한 전 세계적인 선언이 어떻게 생
각되었어야 했는가? 당시의 정치, 사회 및 윤리 문제에 대한 교회 성명
은 어떻게 해야 했는가? 특히 교회는 평화 문제에 대해 표현해야 하는
가? 본회퍼에게 일반적인 삶의 규칙이나 원칙적인 윤리 규범을 집행
하는 것은 교회의 임무가 아니었다. 오히려 교회는 현재 상황과 관련

하여 구체적인 윤리적 계명을 공식화해야 한다. 교회는 주제에 대해
논평하기 전에 철저한 전문 지식을 습득할 의무가 있다. 구체성에 대
한 본회퍼의 요구 뒤에는 인간이 하나님에 의해 끊임없이 구체적이
고 구체적인 행동을 하도록 부름을 받으며 이것을 분명히 하는 것이
교회 선포의 과제라는 생각이 있었다. 문제는 다음과 같다.

> 교회는 […] 항상 참된 원칙을 선포하지 않고 오늘날 참된 계명만을 선
> 포할 수 있습니다. '항상' 참된 것이 무엇이든 정확히 '오늘'의 참이 아니
> 기 때문입니다. 하나님은 우리에게 '항상'(immer) 그리고 '오늘'(heute)
> 의 하나님 이십니다. […] 이웃을 사랑하라는 계명은, 당신의 이웃을 사
> 랑해야 하므로 그것이 오늘과 여기에서 나에게 의미하는 바를 듣기 위
> 해서는 가장 강력한 구체성이 필요합니다. 그리고 나에게 그러한 구체
> 적인 말씀은 하나님의 말씀입니다. (DBW 11, 332 f.)

그리고 단지 교회가 그러한 구체적인 용어로 말할 수 있을 때에만,
정치적 현안들에 대해 진술해야 한다.

> 전쟁이 발발할 경우 교회는 다음과 같이 말할 수 있어야 합니다. "실제
> 로 전쟁은 없어야 합니다. 그러나 필수불가결한 전쟁도 있습니다. 이제
> 이 원칙을 적용하는 것은 각 개인의 몫입니다. 그러나 그들은 구체적인
> 용어로 말할 수 있어야 합니다. 이 전쟁에 참전하거나 이 전쟁에 참전하
> 지 마십시오." (DBW 11, 333)

본회퍼는 현재 상황에서 에큐메니칼 운동으로 통합된 교회가 이 상황에 대한 하나님의 매우 구체적인 계명을 인식했기 때문에, 그러한 교회가 국제 평화를 구체적으로 말해야 한다고 생각했다. 어떠한 대가에 관한 평화 담론이 아니다. 평화가 진실과 정의를 위협한다면 더 나은 평화를 위해 싸워야 한다. 그러나 현재 상황에서 그러한 투쟁은 더 이상 전쟁을 의미할 수 없다. 본회퍼가 세계대전의 경험 후에 판단했듯이 오늘날 전쟁은 "두 전쟁국의 명백한 자살행위이다. […] 그러므로 오늘의 전쟁, 즉 다음 전쟁은 교회에 의해 배척되어야 한다"(DBW 11, 341).

본회퍼는 그가 다섯째 계명 "살인하지 말라"가 궁극적으로 다른 모든 계명보다 더 높게 평가되어야 한다고 주장하는 것은 아니라고 분명히 강조했다. 그는 폭력에 대한 그러한 일반적인 거부를 "광신적"(schwärmerisch) (DBW 11, 339)이라고 생각했다. 그러나 다음 전쟁은 교회에 의해 배척되어야 한다. 왜냐하면 당시 군대의 파괴적 정서들을 고려할 때, 하나님의 계명은 더 이상 전쟁은 있어서는 안 되는 것이었기 때문이다.

첫 목사직

1931년 11월 15일, 본회퍼는 베를린의 마태교회(Matthäuskirche)에서 목사안수를 받았다. 베를린에서 수련목회자 업무로 샤를로텐부르크(Charlottenburg)의 공대에 새로 설립된 교목실로 배정되었다. 그는

사진 4: 디트리히 본회퍼와 그의 견진례 수업 학생들, 프리드리히스브룬(Fridrichsbunn), 1932년 연초

주로 목회적 돌봄을 해야 했지만, 기도회와 강연도 조직했다. 반응은 여전히 열악했다. 그의 직무에는 베를린-미테(Berlin-Mitte)에 있는 시온교회(Zionsgemeinde)의 견진례 수업도 포함되었다. 처음에는 훈련되지 않은 50명의 소년 그룹을 가르치는 일이 쉽지 않았다.

그곳은 베를린에서 가장 어려운 사회적 정치적 조건을 가진 지역 업무였습니다. 처음에 소년들은 정신이 나간 것처럼 행동했기 때문에 처음으로 나는 진정한 양육의 어려움을 겪었습니다. 그러나 여기서도 도움이 된 한 가지는 내가 소년들에게 최선을 다해 매우 간단하게 성서 자료

를 설명했던 것이었습니다. […] 그제서야 절대적인 평온이 있었습니다. […] (DBW 11, 50)

본회퍼는 소년들과 함께 소풍을 가기도 했고, 저녁에 공부하거나 놀기 위해 그를 방문할 수 있도록 교회 근처로 이사도 했다. 그는 또한 그들의 부모님 집을 방문했는데, 그곳에서 알게 된 가난에 충격을 받았다. 그러나 방문하는 동안 부모들과 목회적인 대화를 나누는 것은 매우 어려웠다.

본회퍼는 견진례 예배 준비를 위해 견진례를 받을 학생들을 참여시켰다. 시간이 끝날 때 그는 그들 중 일부를 프리드리히스브룬(Friedrichs-brunn)에 있는 (본회퍼) 가족의 주말농장으로 데려갔다. 그는 자기 부모님에게 온전한 만족감을 가지고 편지를 썼다.

저는 여기에 견진례를 받는 아이들과 함께 있을 수 있어서 매우 기쁩니다. 숲과 자연에 대한 특별한 이해는 아직 없지만 아이들은 보데탈(Bodetal) 등반과 초원에서 축구를 하는 것에 열정적입니다. […] 나는 또한 부모님들이 이 집에서 머무르는 이 아이들을 나중에 만나볼 수 없을 것이라고 생각합니다. 부서진 창을 제외하고는 모든 것이 그대로 있습니다. (DBW 11, 77)

1932년 가을, 본회퍼는 뉴욕의 사회 제도에 대한 그의 통찰력에 영감을 받아 여동생 수잔네의 친구로부터 재정적 지원을 받아 샤를

로텐부르크에 실업자를 위한 청소년 라운지를 열었다. 그러나 1933년 1월 히틀러가 집권했을 때 유대인 기부자가 즉시 나라를 떠났고 청소년 라운지의 공산주의자였던 손님들이 더 이상 적대감으로부터 안전하지 않았기 때문에 곧 문을 닫을 수밖에 없었다.

첫 강의들

목사 업무 외에도 본회퍼는 1931년 8월부터 베를린 모교에서 또 다른 조교직을 맡았다. 동시에 그는 그곳에서 사강사로 가르쳤다. 1931~32년 겨울학기에 그는 프리드리히 빌헬름 대학교(Friedrich-Wilhelms Universität)에서 신학과 철학의 관계에 대한 세미나를 개최하고 20세기 조직신학사에 대한 강연을 가졌는데, 이는 칼 바르트 신학에 비판적으로 다시 접근함을 보여주었다. 1932년 여름학기에 그는 "교회의 본질"(Das Wesen der Kirche)을 강독하고 '기독교 윤리가 존재하는가'는 주제를 다루는 세미나를 제공했다. 교회에 대한 강의는 박사학위 논문과 교수자격 논문에서 여러 가지 아이디어를 가져왔고, 세미나는 그에게 에큐메니칼 맥락에서 이미 중요해진, 구체적인 상황에서 하나님의 계명을 들을 수 있는 가능성에 대한 질문을 다루었다. 1932~33년 겨울학기에 조직신학의 새로운 저서들로 강의를 진행했고, 위붕수업(Übung)에서는 신학적 심리학을 다루었는데, 이 수업에서 그는 교수자격 논문에 대한 새로운 통찰력을 얻었다.

또한 1932~33년 겨울학기에 열린 '창조와 죄'(Schöpfung und Sünde)

라는 과목명으로 진행되었던 강의가, 1933년『창조와 타락』(Schöpfung und Fall)이라는 제목으로 출판되어 더 많은 대중들에게 알려졌다. 본회퍼는 성서의 처음 세 장인 창세기 1-3장에 대한 독특한 해석을 제공한다. 성서의 처음 세 장은 하나님에 의한 세상의 창조, 인간의 타락, 낙원에서의 추방에 대해 이야기한다. 그는 성서 본문을 철학적으로나 역사적으로 분석하고 싶었으며 당시 관습적인 방법의 성서해석을 넘어서고자 했다. "신학적으로 다루는 사람은 누구나 성서를 '교회의 책' (Buch der Kirche) (DBW 3, 22)으로 해석해야 합니다. 즉 성서를 그리스도교 신앙의 관점에서 읽어야만 하는 것을 의미합니다." 따라서 자기 강의에서 본회퍼는 원래 전적으로 유대 신앙의 관점에서 쓴 구약성서 본문을 기독교 하나님 개념의 관점에서 관련시켰다. 이것은 인간의 창조에 대한 그의 모사(模寫, Nachzeichnung)에서 특히 분명해진다.

하나님이 이 땅 위의 인간 안에 그의 형상을 창조하신다는 것은, 인간이 자유롭다는 점에서 창조주와 유사하다는 것을 의미한다. […] 성서 언어의 자유는 인간 자신을 위해 가진 어떠한 것이 아니라, 타자를 위해서 소유한 어떠한 것이기 때문이다. […] 자유롭다는 것은 '타인을 위해 자유롭다'(frei-sein-für-den-anderen)는 것을 의미한다. […] 우리가 이것을 어떻게 아는지 묻는다면 […] 우리는 대답한다: 이것은 [예수 그리스도께서 주신] 복음의 메시지 그 자체이며, 하나님의 자유가 우리를 감싸고 있으며, 그분의 자유로운 은혜가 우리 안에서만 현실이 되며, 하나님은 자신을 위해서가 아니라 인간을 위해서 자유롭기를 원하신다는 것이다. (DBW 3, 58 f.)

　본회퍼에 따르면, 하나님과 인간 사이의 유사성이 존재하는 것은 자유 안에서 타자와의 관계에서 정확히 알 수 있다. 그러나 하나님은 타자에게 의존하지 않고, 그가 원하시기 때문에 인간과 관계를 맺는 반면, 인간은 타자에게 의존한다. 그는 인간이 되기 위해 하나님과 타자가 필요하다.

　본회퍼의 인간 타락에 대한 무대 연출은 인상적이다. 뱀의 질문, "하나님께서 그렇게 말씀하시더냐[…]?"라는 말을 듣고, 인간은 하나님에 대한 피조물의 올바른 태도를 떠나고 있다. 여기서 인간은 "단순히 듣고 행하는 대신 하나님의 말씀의 심판자가 되기 시작한다"(DBW 3, 100). 뱀은 계속해서 말한다. "그렇다. 하나님은 인간이 선과 악을 알게 하는 나무를 먹어서는 안 된다고 말했다. 왜냐하면 그렇게 한다면, 인간에게 무엇이 선하고 무엇이 악한지 판단할 수 있는 가능성이 주어지기 때문이다." 그러나 "질투심 때문에 그는 그것을 말했다. […] 하나님은 선한 분이 아니라 악하고 괴롭히는 하나님이시다. 영리해져라, 하나님보다 더 똑똑해져라, 그가 당신에게 허락하지 않는 것을 취하라. […]"(DBW 3, 103). 금단의 열매를 먹은 결과로 인간은 하나님께서 인간을 위해 정하신 한계를 넘어버리게 되었다. 이제부터 인간은 타자가 설정한 한계를 포함하여 자신의 모든 한계를 부당한 제약으로 경험하고 그에 맞서 싸운다. 본회퍼는 현대에 타락의 결과이자 자기 결정의 한 사례로 칭찬받는 양심을 설명한다. 양심 안에서 인간은

사진 5: 베를린 학생들과 프레벨로프(Prebelow)에서 휴가. 아랫줄 왼쪽에서 둘째가 알브레히트 쉔헤어, 윗줄 중앙이 빈프리드 매흘러.

하나님의 심판에 노출되지 않고 자기 스스로 심판관이 된다. 타락한 인간은 더 이상 타락 이전으로 돌아갈 수 없다. 그는 이제 죄로 낙인된 세상 안에서 살고 있다.

본회퍼는 베를린 대학 신학부에서 스스로를 특별하다고 생각하지 않았다. "저의 신학적 기원이 점차 의심스러워지고 있으며 아마도 당신은 당신의 가슴에 뱀을 키웠다는 느낌을 가질 것입니다"(DBW 11, 50). 그러나 본회퍼는 곧 학생들 사이에서 계속 수업에 참여하고 싶은 수강생들을 갖게 되었다. 그로부터 탄탄한 그룹이 생겨서 본회퍼와 함께하는 저녁토론 모임이 생겼고, 주말 기간을 포함한 공동 여행을 했다. 후에 핑켄발데 신학교의 많은 조력자들과 교회 투쟁의 동료들인 오토 두드추스(Otto Dudzus), 헬버트 엘레(Herbert Jehle), 요아힘 카니츠(Joachim Kanitz), 빈프리드 매흘러(Winfried Maechler), 알브레히트 쉔헤어(Albrecht Schönherr), 위르겐 빈터하거(Jürgen Winterhager)와 볼프-디터 침머만(Wolf-Dieter Zimmermann) 등이 이 그룹 출신이다.

"나는 처음으로 성서에게 왔습니다"

1936년 1월 편지에서 본회퍼는 그의 친구 엘리자베스 친(Elisabeth Zinn)에게 1933년 이전에 그에게 일어난 실존적 변화에 대해 말했다. 정확한 시간과 시작점은 논란의 여지가 있다. 그가 실제로 그리스도인이 목사가 된다는 것이 무엇을 의미하는지를 이해한 것은 성서를 읽었을 때였다.

나는 매우 비기독교적이고 교만한 방식으로 나의 일에 몰두했습니다. 일부 사람들이 나한테서 알아차린 미친 야망은 제 삶을 어렵게 만들고 동료 사람들의 사랑과 신뢰를 빼앗았습니다. 그 당시 나는 심각할 정도로 혼자였고, 혼자 남겨졌습니다. 아주 좋지 않은 상태였지요. 그러다가 내 인생을 오늘까지 변하게 하고 방향을 바꾸어 놓은 무언가가 생겨났습니다. 나는 처음으로 성서에게 왔습니다. 사실 말로 하기에는 심각한 일입니다. 나는 이전에 여러 차례 설교했었고, 교회에 대해 많이 보고, 그것에 대해 이야기하고, 글을 썼습니다. 나는 아직 기독교인이 되

지 않았고 오히려 거칠고 길들여지지 않은 방식으로 나 자신의 주인이
되었습니다. 나는 내가 예수 그리스도의 대의를, 미친 허영심을 위해,
나 자신을 위해 이용했다는 것을 압니다. 그러한 일이 다시는 일어나지
않기를 하나님께 간구합니다. 나는 한 번도 기도한 적이 없거나 매우
드물게 기도했었습니다. 모든 것을 포기하면서도 나는 나 자신에 대해
매우 행복했습니다. 그때부터 성서는 저를 자유롭게 했는데, 특히 산상
수훈이 그랬습니다. 그 이후로 모든 것이 바뀌었습니다. 나는 그것을
분명히 느꼈고 주변의 다른 사람들까지도 느꼈습니다. 그것은 큰 안도
감이었습니다. 그때 나는 예수 그리스도의 종의 삶이 교회에 속해야만
한다는 것을 깨달았고, 그것이 얼마나 먼 길인지 점차 명확해졌습니다.
그러다가 1933년의 비상사태가 찾아왔습니다. 그것은 나를 강해지게
했습니다. 나는 이제 나와 함께 목적을 도모하는 사람들을 찾았습니다.
이제 모든 것은 교회의 갱신과 목사의 입장에 달려있습니다. […] 얼마 전
까지 열정적으로 투쟁했었던 기독교 평화주의(der christliche Pazifismus)
가 갑자기 나에게 당연한 것이 되었습니다. 그래서 그것은 점차 진행되
었습니다. 나는 다른 것을 보거나 생각하지 않았습니다. (DBW 14, 112 f.)

따라서 1930년대의 본회퍼에게는 성서를 깊이 묵상하고 성서를
지향함이 점점 더 중요해졌다. 1932년 스위스 글랜드(Gland)에서 열
린 에큐메니칼 회의에서 그는 청중들에게 비판적으로 경고했다.

우리가 서로 이야기한 모든 것에서 우리가 더 이상 성서에 순종하지 않

는다는 것이 다시금 충격적으로 분명해지지 않았습니까? 우리는 성서의 생각보다 우리 자신의 생각을 선호합니다. 우리는 더 이상 성서를 진지하게 읽지 않고, 더 이상 우리와 부딪치면서(gegen uns) 읽지 않고 우리 자신을 위해서만(für uns) 읽습니다. (DBW 11, 353)

그 후 몇 년 동안 본회퍼는 성서 본문이 잘못 취급되고 있으며 질문을 받지 않고 자신의 행동을 확인하는 데만 사용된다는 이 평가를 반복해서 말했다. 본회퍼 스스로도 성서를 통해 도전을 받고자 했다. 1936년 4월 뤼디거 슐라이허(Rüdiger Schleicher)에게 보낸 편지의 전기(傳記)적 메모는 감동을 준다.

성서를 간단하게 다른 책처럼 '읽을' 수는 없다네. 우리는 성서에 정말로 물어볼 준비가 되어 있어야 하네. […] 그것은 바로 하나님께서 성서 안에서 우리에게 말씀하시기 때문이지. 그리고 인간은 그렇게 간단한 방식으로 스스로 하나님에 대해 깊이 생각할 수 없고, 하나님께 물어봐야 한다네. […] 성서를 제외한 다른 곳은 내게 너무 불확실하다네. 나는 그곳에서 나에게 덤벼드는 나 자신의 신성한 도플갱어를 만날까 봐 두렵다네. (DBW 14, 145.147)

5 장
교회 투쟁의 시작
(1 9 3 3 년)

히틀러의 권력장악

1920년대 이후, 특히 1929년 세계 경제 대공황과 높은 실업률 이후, 민족주의와 국가사회주의 사상은 독일에서 점점 더 퍼졌다. 인구의 대부분이 부당하다고 인식했던 베르사유 조약에 따른 보상금도 이에 기여했다. 사람들은 국가의 경제 국채의 통합에서 새로운 독일의 미래에 대한 잠재력을 보았다. 바이마르 공화국 정부의 위기는 민주주의에 대한 회의를 불러일으켰다. 1930년 독일 의회 선거에서 국가사회주의독일노동당(NSDAP)은 18.3%의 득표율을 얻었을 뿐만 아니라, 1932년 7월과 11월 선거에서 37.4%와 33.1%를 달성하여 의회에서 가장 강력한 세력이 되었다. 1933년 1월 30일, 아돌프 히틀러는 파울 폰 힌덴부르크(Paul von Hindenburg) 제국 대통령에 의해 제국의 총리로 임명되었다.

본회퍼 가족은 아돌프 히틀러에게 숨겨져 있는 위험을 보았다. 디트리히 본회퍼의 아버지 칼은 회고록에서 다음과 같이 말했다.

1933년 국가사회주의의 승리와 히틀러를 제국의 총리로 임명한 것은 우리 가족들이 보기에는 처음부터 재앙이었다. 히틀러에 대한 혐오감과 불신은 그의 선동적 선전 연설, 포템파의 살인 사건에 대한 그의 동정 전보,[1] 그의 손에 승마용 채찍을 든 채로 차를 타고 전국을 순회하는 모습, 직원 고용 방식, […] 마지막으로 전문가들 사이에서 그의 정신병적 특징이 회자되었던 것에서 비롯되었다. (Bethge, 305 f.에서 인용)

히틀러가 권력을 장악한 지 이틀 만에, 디트리히 본회퍼는 "젊은 세대의 지도자와 개인"(Der Führer und der Ein-zelne in der jungen Generation)이라는 주제로 오래전에 계획된 라디오 방송에서, 과도한 길이로 인해 일찍 중단되었지만, 이름을 밝히지 않은 채 현혹시키는 히틀러의 잠재력을 분석했다.

인간, 특히 젊은이들은 자신이 성숙하고 강하고 책임감이 충분히 있다고 느끼지 않는다면 자기 지도자에게 권위를 부여할 필요가 있을 것입니다. 지도자는 자신의 권한에 대한 이 분명한 한계를 책임감 있게 인식

---

1 역자주: SA-그룹이 포템파 마을에서 어머니가 지켜보는 가운데 한 노조원을 구타하여 죽였다.

해야 합니다. [...] 그는 자신을 우상화하기 위해 사람들을 현혹합니다. 그리고 현혹된 사람은 늘 그가 우상이 되어주기를 희망할 것입니다. 그러면 지도자의 이미지는 유혹자(Verführer)의 이미지가 되어 갈 것입니다. (DBW 12, 257)

교회의 상황

히틀러는 기독교적 종교적 동기를 능숙하게 이용하여 교회를 지배하거나, 그렇지 않으면 궁극적으로 동일한 관심사를 추구하고 교회가 새로운 시스템에 영향을 미칠 것이라는 인상을 만들려고 노력했다. 많은 교회의 대표자들이 이 유혹적인 전망에 굴복했다. 동시에 국가사회주의자들은 자신의 목표를 실행하기 시작했다. 1933년 2월 28일, 독일 제국 국회 의사당 화재 사건(Reichstagsbrand) 이후 히틀러는 시민의 자유에 대한 광범위한 침해를 가능하게 하는 비상 조례를 발표했다. 3월 24일의 수권법(Ermächtigungsgesetz)은 그에게 무제한의 입법 권한을 부여했다. 1933년 4월 1일, 국가사회주의자들은 유대인 사업에 대한 불매 운동을 촉구했고, 4월 7일에는 소위 아리안 조항(Arierparagraphen)[2]과 함께 '전문공무원 복원을 위한 법률'(Gesetz zur Wiederherstellung des Berufsbeamtentums)을 통과시켰다.

---

2 역자주: 유태인 부모 혹은 조부모를 둔 모든 공무원들을 해고하거나 국가 요직에서 물러나게 하는 법.

개신교의 일부는 국가사회주의독일노동당(NSDAP)의 관심사를 신학적으로 정립했다. 1932년에 '독일 그리스도인의 신앙운동' (Glaubens-bewegung Deutsche Christen)은 국가사회주의 사상을 교회에 도입하기 위해 설립되었다. 1932년 6월 6일의 지침은 다음과 같다.

> 우리는 우리의 교회 안에서 다시 깨어난 독일적 생활감정을 관철하고 우리 교회를 활기차게 만들고자 한다. 독일의 자유와 미래를 위한 운명적인 투쟁에서 교회의 지도력은 너무 약한 것으로 입증되었다. […] 우리는 우리 교회가 우리 민족의 존재 여부를 위한 결정적인 싸움의 최전선에 있기를 바란다. […] 인종, 민족성, 국가에서 우리는 하나님께서 우리에게 주셨고 맡기신 삶의 질서를 본다. 그것들을 유지하는 것은 우리에게 하나님의 법이다. […] 우리는 무력한 자에 대한 기독교의 의무와 사랑에 대해 알고 있고 부적합하고 열등한 사람들로부터 사람들을 보호해야 한다. […] 유대인에 대한 선교에서 우리는 우리의 민족성에 대한 심각한 위험을 본다. 그것은 외부 혈통이 우리 민족체로 들어가는 입구이다. […] 특히 독일인과 유대인의 결혼은 금지되어야만 한다. (Zitiert nach Kirchen- und Theologiegeschichte in Quellen, Bd. IV/2, 1980, 118 f.)

총통 원칙에 기반한 통일된 제국교회에 대한 열망이 빠르게 일어났다. 그러나 아리안 조항을 교회에 도입하려는 정부의 계획은 개신교의 교회들에도 영향을 미쳤으며, 이는 유대인 출신의 모든 목회자들이 교회 직분에서 해고되어야만 한다는 것을 의미했다.

본회퍼의 친구들도 이 계획에 영향을 받았다. 그의 친구이자 목사 동료인 프란츠 힐데브란트(Franz Hildebrandt)에게는 유대인 어머니가 있었다. 또한 그의 매제인 게르하르트 라이프홀츠(Gerhard Leibholz)도 유대인 가문이었다. 라이프홀츠는 1938년 아내와 아이들과 함께 독일을 떠나 런던으로 이주했다. 본회퍼는 교회법에 아리안 조항을 도입하는 것을 교회를 국유화하고 교회의 본질을 근본적으로 파괴되는 것으로 판단했고, 1933년 6월에 인쇄된 "유대인 문제에 직면한 교회"(Die Kirche vor der Judenfrage)라는 제목의 글로 반응했다. 유대인에 대한 특별한 국가 권리를 고려한 교회의 과제를 다루는 논문의 첫 부분은 루터의 정부 권력(Obrigkeits)에 대한 이해의 특정 요소들과 관련이 있다. 이것은 국가와 교회가 각각 서로 다른 신성한 임무를 가지고 있기 때문에 교회는 국가에 정치적 결정을 강요해서는 안 된다는 것이다. 디트리히 본회퍼는 실제로 다음과 같이 썼다.

> 종교개혁 교회는 분명히 국가가 특정한 정치적 행동에 직접적으로 관여하도록 권장하지 않는다. 교회는 국가법을 찬양하거나 비난할 필요도 없고, 오히려 국가를 신성한 세상에서 하나님의 보존 질서로 인정해야 하며, 인도주의적 관점에서 좋은 것이든 나쁜 것이든, 질서의 창조를 인식해야 하며, 세계의 혼돈스러운 불경건함 속에서 하나님의 뜻을 보존하기 위해 설립된 것으로 이해해야 한다. […] 국가의 행동은 교회의 개입으로부터 자유롭다. […] 역사는 교회가 아니라 국가에 의해 이

루어진다. (DBW 12, 350)

유대인 문제는 "우리 국가가 다루어야 하는 역사적 문제 중 하나이어야 하며 의심할 여지 없이 국가는 새로운 지평을 열 권리가 있다"(DBW 12, 351). 그러므로 어떤 "인도주의적 이상"의 관점에서 유대인과의 관계에서 국가를 비판하는 것은 결코 교회의 임무가 아니다. 교회는 "오늘날 유대인 문제에 대해 국가를 **직접적으로** 방해할 수 없으며, 그것과는 다른 특정한 행동을 요구할 수 있다"(DBW 12, 350). 그러나 이러한 요구에 따라 본회퍼는 당시의 루터의 권력 개념 이해를 비판한다. 국가는 자신의 임무와 책임을 이행하고 있는지 여부를 물을 수 있고 또한 물어야 한다. 교회는 국가의 행동이 그의 보존 임무(Erhaltungsaufgabe)에 따라 법과 질서(Recht und Ordnung)가 실제로 실현되는 행위인지 질문해야 한다. 그리고 이것이 바로 유대인의 문제와 관련하여 교회가 오늘날 해야 할 일이다.

또한 교회는 정부 활동의 희생자들을 도와야 하는 과제도 있다. 즉 교회의 신자이든 아니든 상관없이 돌보는 사역에 적극적으로 참여해야 하는 것이다. 이것은 또한 현재 유대인 문제에 대해서도 요구된다.

국가에 저항하는 교회 행동의 셋째 가능성에 대한 본회퍼의 표현은 유명하다.

셋째 가능성은 바퀴 아래에서 희생자를 치료할 뿐만 아니라, 바퀴 자체를 저지해야 하는 것이다. 그러한 행동은 교회의 직접적인 정치적 행동이며 교회가 국가가 법과 질서를 만드는 기능에서 실패하는 것을 목격할 때, 즉 국가가 너무 과하거나 너무 적은 질서와 법을 무제한으로 실현하려고 하는 것을 볼 때만 가능하고 요구된다. (DBW 12, 353 f.)

교회 행동에 관한 이 셋째 제안은 국가의 한 집단이 법을 잃거나, 국가가 교회에서 세례받은 유대인을 배제하거나 선교 사업을 금지함으로써 교회의 본질을 방해할 때 필요하다. 이 셋째 유형이 의미하는 것은 무엇인가? 바퀴를 저지한다는 것은 무엇을 의미하는가? 이 본문은 본회퍼가 1933년에 이 과감하고 전투적인 이미지를 사용하여 이미 폭력적인 저항을 생각한 것처럼 늘 해석되었다. 최근 이 해석에 대한 의구심이 커지고 있다. 본문 자체는 교회가 신앙 고백의 상황(in statu confessionis), 즉 그리스도를 향한 신앙고백을 위해 그리스도인이 자신을 한 위치에 둘 수 있는 신앙고백의 상황에 있다고 언급할 뿐이라는 것이다.

이러한 상황은 얼마 지나지 않아, 본회퍼의 눈앞에서 벌어졌다. 1933년 7월 23일 교회 선거에서 독일 그리스도인(Deutschen Christen) 연맹은 대부분의 지역 교회에서 다수를 차지했다. 1933년 9월에 소위 "갈색 총회"(Braunen Synode)[3]의 결의로 수많은 종교회의에 갈색 유니폼을 입고 왔으며, 본회퍼가 속한 구 프로이센 연합(Altpreußischen

---

3 독일어로 braun은 "나치의, 나치즘의"(나치들이 갈색 유니폼을 입었던 데서 연유)라는 의미가 있다.

Union) 교회에 아리안 조항이 도입되었다.

이것은 종교개혁 기간에 설립되었으며 구 프로이센 연합에도 유효했던 개신교회의 직책에 대한 유일한 기준을 무효화했는데, 즉 목사는 정식으로 부르심을 받아야만 하고(rite vocatus), 교회의 규율에 따라 임명한다는 기준이었다. 본회퍼는 흥분한 채로 칼 바르트에게 다음과 같이 썼다.

[오늘의 신학적 실존](Theologische Existenz heute) 작업에서 당신은 교회가 아리아 조항을 도입할 때마다 그리스도교 교회가 아니라고 말했습니다. […] 이제 예상되는 일이 일어났습니다. 많은 친구, 목사님, 학생들을 대신하여 기독교 교회가 아닌 교회에 머무를 가능성이 있다고 생각하는지 알려 주시기 바랍니다. 아리아인들이 계속해서 관리 할 수 있는 특권이 된 목회직입니다. […] 자유 교회에 대한 아이디어는 이제 우리 중 몇 명만 비밀리에 공유하고 있습니다. […] 신앙고백적 상태 (status confessionis)가 거기에 있다는 것은 의심할 여지가 없지만 오늘날 신앙 고백이 가장 적절하게 표현되었느냐는 우리가 확신하지 못하는 것입니다. (DBW 12, 124 f.)

바르트는 그러한 신앙고백적 상태가 주어졌던 것에 동의했고, 교회 지도자들에게 아리안 조항의 문구 도입시에, "이 부분에서 그것은 더 이상 그리스도의 교회가 아니었다"(DBW 12, 126)는 것을 분명히 알도록 격려했다. 그러나 그는 "매우 적극적인 논쟁적 기다림"(ibid., 127)

을 권고했고, 교회를 떠나는 것은 '최후의 수단'(ultima ratio)인 것이라고 충고했다. 본회퍼가 바르트에게 보낸 편지에서 명백해진다. 그에게 신앙고백적 상황은 아리안 조항 자체가 아니라 이 국가 규정을 교회 영역에 도입함으로써만 주어진다. 이것은 외부 법률에 의존하여 그리스도를 향하는 입구에 접근하지 못하도록 하여 교회의 본질을 파괴하기 때문이다.

1933년 9월 11일 마틴 니묄러(Martin Niemöller), 디트리히 본회퍼 (Dietrich Bonhoeffer) 등이 목사긴급동맹(Pfarrernotbund)을 창설했다. 이 동맹의 법을 도입하여 더 이상 생계를 유지할 수 없는 목회자들을 돕고 다양한 형태의 홍보 활동을 통해 독일 그리스도인 연맹의 견해를 공격하기로 했다. 9월 27일, 비텐베르크 전국 총회(Nationalsynode in Wittenberg)는 항의 각서를 분배했다. 본회퍼도 서명했으며 "폭력의 지배를 통해 형제애를 부인함으로써 교회가 이 세상의 왕국이 되고 있다"(DBW 12, 143)는 사실에 반대했다. 아리안 조항은 성서와 신앙고백과 모순된다. 아리안 조항은 인간의 법으로 복음을 제한한다. 몇 달 후 고백교회(Bekennende Kirche)가 목사긴급동맹에서 분리되었다.

1933년 여름이 되어서 본회퍼는 프리드리히 폰 보델슈빙(Friedrich von Bodelschwingh)의 지휘 아래 현재 교회 상황을 고려하여 신앙고백서를 작성하는 데 참여했다. 본회퍼는 1933~34년 결론적으로 출판된 『베델 신앙 고백서』(Betheler Bekenntniss) 버전을 더 이상 지지하지 않았다. 왜냐하면 그는 신앙고백서가 희석되었다고 간주했기 때문이다. 그가 공동 책임을 맡은 1933년 8월 버전에서 그리스도의 계시를 배제한 창조와 역사에 대한 하나님의 계시를 다룬 "자연 신학"(Natürliche Theologie)은 명백하게 비판을 받았다.

> 우리는 하나님께서 특정한 "역사적 시간"으로부터 우리에게 직접 말씀하시고 창조 속에서 즉각적인 행동으로 자신을 드러내신다는 그릇된 교리를 거부한다. 왜냐하면 그것은 하나님이 연결된 성서의 말 한마디 없이 하나님의 뜻을 이해하고자 하는 광신이기 때문이다. (하나님은 말씀하셨다. "민족이 있으라, 그러자 민족이 있었다. 호센펠더 (Hossenfelder [독일 그리스도인 연맹의 제국-단장]). (DBW 12, 374)

이에 상응하여, 이미 본회퍼의 저서 『창조와 타락』에서 쓴 바와 같이, 신앙고백문 본문은 '독일 그리스도인'이 신학적 사고에 집착하는 '삶의 질서' 또는 '창조의 질서'(Lebens- oder Schöpfungsordnungen)의 개념이 비판되었다. 이것은 창조 이래로 하나님께서 인간이 고수해야 하는 특정한 명령이 있다는 가정을 의미한다. 예를 들어, 남자와 여자는 서로 결혼해야만 한다거나, 같은 인종의 사람들은 한 민족에 속하고 한 민족은 자기 민족의 존재를 위해 싸워야만 하는 의무가 있다는 사항과 같은 것이다.

> 민족들이 필수불가결한 삶의 공간에서 서로를 위협하거나 해를 입히는 한, 자신들의 민족의 생명과 자유를 위한 투쟁은 우리의 현세의 상황에서 우리가 해야 할 의무들 중에 하나이며, 기독교 교회에 속함은 이러

한 의무를 폐지하는 것이 아니라, 오히려 우리에게 순종과 믿음을 증명해야 하는 이 땅에서의 장소로서, 우리에게 가장 적합한 곳을 의미하는 것이기도 하다. (Wilhelm Stählin, The Unity of the Christian Church and the Nations, in : Die Eiche 20, 1932, 333)

본회퍼 자신도 바르셀로나에서 유사하게 공식화했지만, 이제는 이 개념을 비판했다. 인간들 자신의 목적을 위해 가치 있는 창조 질서는 없다. "예수의 미래와 재창조를 위해" 세상을 유지함으로써 가치를 얻는 "보존질서"(Erhaltungsordnungen)만 있을 뿐이다(DBW 12, 375). 궁극적으로 그것은 그리스도를 위해 열려있는 세상에 관한 것이다. 그리고 이것이 일어나지 않고, 더 이상 복음을 전할 여지가 없는 곳에서는 하나님의 질서에 대해 다루지 않는다. 예를 들어 민족사상과의 연결과 같은 문제는 포기되어야 한다. 이미 본회퍼는 그의 책 『창조와 타락』에서 이와 유사하게 주장했었다: "하나님께서 이 세상에 주시는 질서는 그리스도를 향한 하나님의 보존질서들인데, 창조질서가 아니라, 보존질서이며, 그 자체로는 가치가 없지만, 오직 그리스도를 향하고, 오직 그리스도를 통해서만 의미가 있는 것이다." (DBW 3, 129 f.).

이러한 배경에서 본회퍼가 1933년 여름 베를린 대학에서 예수 그리스도의 교회적 담론인 그리스도론(Christologie)에 대한 강의를 한 것은 언뜻 보기에는 세상과 동떨어진 것으로 보인다. 이 강의에서 본회퍼는 자신의 핵심 신학적 아이디어 중 하나를 전개한다. 본회퍼의 그리스도론은 모범이 될 만한 선한 사람에 관한 담론에 관한 것도 아니며, 신학사에서 흥미로웠던 몇 가지 궤변들에 관한 것도 아니다. (그리스도론은) 예수 그리스도와 관련한 "신앙적 질문, 당신은 누구입니까, 당신은 하나님 자신입니까?"에 관한 것이다(DBW 12, 282). 그리고 반대 질문에 답하는 것이다. "당신이 그렇게 묻는 당신은 누구입니까?"(DBW 12, 286). 본회퍼에 따르면, 우리는 학술적인 거리를 두고 예수 그리스도를 다룰 수 있는 것이 아니라, 이분의 인격적인 만남을 포함시킴으로써만 다룰 수 있다. 오직 예수 그리스도만이 (사람들에게) 이런 질문을 할 권한과 답변할 권한이 있다. 다른 사람들은 다른 사람이 그들에게 권한을 부여하기 때문에 권한을 가질 뿐이다. ─이 진술의 정치적인 차원은 간과되어서는 안 된다. 전반적으로 그리스도론 강의는 교회가 오직 그리스도만을 추구해야 한다는 데 의심의 여지가 없다.

1933년 그가 속한 교회의 변화는 본회퍼 자신의 삶의 여정에 큰 영향을 미쳤다. 9월에 모든 일을 정리하고, 10월부터 런던에 있는 독일 교회의 목사직을 맡기로 결정했다. 런던에 도착한 직후, 그는 칼 바르트에게 그의 변화에 대해 편지를 썼다.

제게 […] 베를린 동부지역에서 목회직의 제안이 있었는데 그 선택은 확실했습니다. 그런 다음 프로이센에서 아리안 조항이 등장했고, 내가 이 교회에 대해 무조건 반대하는 태도를 포기하고 싶지 않다면, 처음부터 나 자신을 나의 공동체에게 불신하게 만들고 싶지 않다면, 내 가장 친한 친구인 프란츠 힐데브란트─그는 현재 아무런 보장이 없어도 제가 있는 영국으로 오고 있습니다—가 속한 유대인 기독교 목사들과의 연대에서 벗어나고 싶지 않다면, 이 지역에서 갈망했을 목회직을 받아들일 수 없다는 것을 알았습니다. […] 나중에 그러한 결정에서 매우 구체적인 이유를 찾고자 한다면, 가장 강한 이유 중 하나는 내게 다가온 질문과 요구가 더 이상 제 안에서 성장하지 않는다고 느꼈기 때문입니다. 저는 제가 이해할 수 없을 정도로 제 친구들 모두에게 극단적으로 반대하고 있다고 느꼈고, 그 문제에 대한 저의 견해는 점점 더 고립되어 가고 있었습니다. […] 그리고 이 모든 것들이 저를 두렵게 했고, 불확실하게 했고, 저는 저의 독선으로 인해 잘못된 길로 빠져 버릴까 봐 두려웠습니다. 그래서 저는 이제 사막에 가서 목회하기 위한 한 걸음을 나아가야 할 때라고 생각했습니다. (DBW 13, 12 f.)

6 장

런던 이민목회 시절
(1933~1935년)

"목사직의 고요함"

1933년 10월 17일 본회퍼는 런던에서 목회를 시작했다. 그는 독일 개혁교회 소속이었던 화이트 채플(Whitechapel)의 성 바울교회(St. Paul) 와 독일 개혁교회 소속 시든햄-포레스트 힐(Sydenham-Forest Hill)에 있 는 교회를 섬겼다. 영국으로 떠나기 전에, 본회퍼는 새로운 교회 발전 에 관한 다양한 비판적 진술 때문에 교회 지도자들로부터 해명하도 록 소환되었다. 그러한 입장을 지니게 한 채 본회퍼를 해외로 보낼 수 없기 때문이었다. 그러나 본회퍼는 이 일에 대해서 기분 나빠하 지 않았다. 본회퍼는 제국의 주교였던 루트비히 뮐러(Ludwig Müller)에 반대하면서, 다음과 같이 진술했다.

나는 어떤 상황에서도 런던에 있는 독일 그리스도인 연맹을 대변할 수 없고, 에큐메니칼 대담에서 나의 입장을 변함없이 뚜렷이 표현할 것이며, 그가 나에게 기대했던 것과는 다르게 그곳에 가는 것을 금지하는 것이 나에게 더 좋을 것 같다. (DBW 13, 22)

친구들과 동료들이 모두 본회퍼가 독일에서 일어난 교회의 직접적인 분쟁에서 물러났다는 것을 긍정적으로 이해한 것은 아니었다. 본(Bonn)에서 나름대로 자기 입장에서 이 일에 집중적으로 참여했던 칼 바르트(Karl Barth)는 런던에서 보낸 본회퍼의 편지에 극도로 격앙된 반응을 보였다.

이 문제에 관해 저에게 뒤늦게 의사를 전달하셨으니, 저는 진심으로 이 말 외에는 아무것도 할 말이 없습니다. 가능한 한 빨리 베를린으로 돌아가십시오! 당신이 필요한 곳이 독일에 있는데, 이 순간에 "멀리 떠난다"거나 "목사직의 고요함"(Stille des Pfarramts)이 다 무슨 소리입니까? 나처럼 정확하게 알고 계시겠지만, 당신은 […] 지금은 결단코 로뎀나무 아래의 엘리야 역할을 하거나, 박넝쿨 아래의 요나처럼 불평해서는 안 됩니다. 대신에 모든 포문을 열어 대포를 쏘아야 합니다. 당신이 운하 반대편에서 나에게 주신 칭찬은 도대체 무엇입니까? […] 한 명의 독일인이라는 사실, 당신의 교회가 불타고 있다는 사실을 충분히 알고, 당신이 독일을 돕기 위해 무엇을 부족함 없이 말해야만 하는지를, 다음 배편으로 원래 있던 자기 자리로 돌아가야만 한다고 생각을 하셔야 합니다. 이제 우리는 말합니다. 다음 다음의(übernächsten)

배편이라도!" (DBW 13, 31-33)

그러나 본회퍼는 우선은 혼란스러워하지 않았다. 그는 독일 피난민 문제에 관여했고, 시든햄에서 주일학교 예배와 두 교회의 청소년들을 위한 특별 행사를 이끌었다. 하지만 주일 예배에 참석한 성인 회중 성원은 극소수에 불과했다. 본회퍼는 평온한 경건함을 전혀 요구하지 않은 직접적이고 무뚝뚝한 어조로 설교했다.

우리는 모든 종류의 것을 믿고 […] 심지어 너무 많이 믿습니다. 우리는 권력을 믿습니다. 우리는 우리 자신을 믿습니다. 우리는 다른 사람을 믿습니다. 우리는 인류를 믿습니다. 우리는 우리 민족을 믿습니다. 우리는 우리 종교공동체(Religionsgemeinschaft)를 믿습니다. […] 그러나 우리는 모든 것들 위에 유일하신 하나님을 믿지 않습니다. 그리고 이러한 하나님에 대한 믿음은 우리로 하여금 모든 다른 능력들에 대한 믿음을 수용하게 하며, 우리를 불가능하게 만들어 버립니다. 하나님을 믿는 사람은 이 세계의 어떤 것도 믿지 않습니다. […] 왜냐하면 그는 그것이 깨져버리고 지나가 버린다는 것을 알기 때문입니다." (DBW 13, 414)

불충한 "해외 성직자님들"

런던에서 본회퍼는 독일의 정치와 교회 발전을 늘 예의주시했다. 1933년 11월 13일 베를린에서 열린 독일 그리스도인 연맹의 스포츠

팔라스트 집회(Sportpalastkundgebung)에서 베를린의 지방회장 라인홀드 크라우제(Reinhold Krause)는 공개적으로 민족주의교회(völkische Kirche) 설립을 요청했다. 이를 위해서는 "유대인의 급여윤리 지침서가 담긴 구약성서, 가축 상인들과 뚜쟁이들의 이야기를 걷어내고 랍비 바울의 속죄양과 열등신학 전체를" 포기해야 했다.

> 우리가 우리 독일의 심장이 말하는 것을 복음서에서 취한다면, 예수님의 가르침의 본질적인 것이 명확하고 밝게 드러납니다. 우리는 그것을 자랑스러워할 수 있습니다. 이것은 하나도 빠짐없이 국가사회주의의 요구와 일치합니다." (Zitiert nach Scholder, Die Kirchen, Bd. 1, 705)

참석한 교회 지도자들이 성경을 수정하려는 이러한 계획에 항의하지 않았고 그 계획이 후속 집회 결의안에 포함되었다는 사실은 목사긴급동맹 회원들뿐만 아니라 독일 그리스도인 연맹의 온건한 지지자들도 놀라게 했다. 목사긴급동맹의 지도부는 제국 주교에게서 크라우스의 임시 정직을 얻어냈다. 1933년 9월부터 브란덴부르크 주교였던 요아힘 호센펠더(Joachim Hossenfelder)는 얼마 후에 사임했다. 아리안 조항의 적용이 시작되었다.

스포트팔라스트 추문은 교회의 저항에 전반적으로 순풍을 불게 해주었다. 사람들은 전환을 원했다. 본회퍼는 마침내 독일 그리스도인 연맹의 신학이 이단적이라는 것을 증명하기 위해 일종의 정화하는 교회 규율을 요구했다. 그는 대부분 런던에서 독일의 발전에 영향을 주기 위해 계속해서 노력했다. 영국에 있는 거의 모든 독일 목사들은 제국교회 정부와 교회 반대에 대한 투표와 전보로 독일 상황에 간섭했다. 1934년 1월, 그들은 그들의 공동체를 떠나겠다고 위협하고 루트비히 밀러 제국 주교의 사임을 요구했다. 독일 개신교의 지도부는 그러한 소란을 지켜보는 것을 좋아하지 않았다. 당시 해외 교구를 책임지고 있던 테오도르 헤켈(Theodor Heckel)은 1934년 1월에 해외의 모든 목사들에게 다음과 같이 편지를 썼다.

특히 해외의 목사님들이 교회 정치에서 최대한의 자제력을 발휘해야 한다는 시급한 요청을 표명합니다. 최전선의 군인이 전체적인 계획을 아우를 수 있는 위치가 아니라 먼저 놓여 있는 임무를 수행해야 하는 것처럼, 해외의 목사님들도 자신의 특별한 임무가 무엇인지 그리고 고향에 있는 독일 개신교회의 새로운 디자인을 위해 교회 지도자의 임무가 무엇인지를 구별할 것이라고 믿습니다." (DBW 13, 85)

2월에 헤켈은 런던의 교회들을 방문했는데, 목회자들이 제국 주교에 맞서 지금까지 보인 불충에서 회유하려는 목표를 추구했지만 성공하지는 못했다.

본회퍼는 에큐메니칼 운동의 리더십과 독일의 발전에 대해 공개적으로 논의했다. 가장 중요한 것은 실천적 그리스도교를 위한 에큐메니칼 협의회 회장이자 치체스터(Chishester)의 성공회 주교였던 조지 벨(George Bell)과의 만남이었다. 본회퍼는 그를 1932년 8월에 제네바

(Genf)에서 열린 에큐메니칼 회의 이후로 알고 지냈다. 특히 제국교회의 교회적 반대에 대한 정치적으로 민감한 제도적 분리 가능성을 고려하여 본회퍼는 에큐메니칼 지원이 필수적이라고 생각했다. 1934년 4월 15일 그는 벨에게 다음과 같이 편지를 썼다.

> 아마도 최후 통첩(Ultimatum)의 방법으로 결정된 입장을 취하거나, 반대하는 입장에 서 있는 목회자들에 대해 공개적으로 공감을 표명하거나, 독일 목사들의 최고의 부분에 대한 모든 신뢰를 잃게 하기 위한 에큐메니칼 운동의 시점이 마침내 도래했습니다. (DBW 13, 122, Übers. C.T.)

벨은 본회퍼와 협의하여 편지들과 성명서들을 통해 독일에서 에큐메니칼적인 목소리를 관철시키기 위해 노력했다. 헤켈 역시 1934년 2월에 벨을 방문하여, 더 오랜 기간 동안 개입을 자제하도록 설득했지만 이것 역시 실패했다.

1934년 5월 29일부터 31일까지 부퍼탈-바르멘(Wuppertal-Barmen)에서 열린 독일 개신교의 고백교회 총회는 향후 몇 달 동안의 발전을 위한 초석이 되었다. 5월 31일에 지역교회 대표자들이 바르멘 신학 선언(Barmer Theologische Erklärung)을 채택했다. 반대파들은 이미 4월 22일 울름(Ulm)에서 자기들은 합법적인 독일개신교(EKD)라고 선언했었다. 바르멘에서는 이 주장이 효과적으로 갱신되었다. 총회일은 "고백교회"(Bekennenden Kirche)의 설립일로 간주된다.

유명한 **바르멘 신학 선언**은 6개 테제로 나누어지는데, 그 테제들은 먼저 한두 성경 인용문에 이어 긍정적인 교리적 진술이 뒤따르고 한 두 개의 거부조항이 나온다. 내용적으로는 "교회를 파괴하고 독일 개 신교의 연합을 깨뜨리는 독일 그리스도인 연맹의 파괴적인 오류에 직면하여" 개신교 신앙을 새롭게 다듬고 낯선 전제조건에 대해 투쟁 을 위한 것이었다. 그 낯선 전제조건은 독일 그리스도인 연맹에 의해 주도된 것이었고, 이를 통해 교회가 교회 되기를 포기하는 것이었다 (Zitate nach: Die Barmer Theologische Erklärung, 34 f.). 본회퍼는 고백교회의 설립과 그곳에서 전달된 신학적 선언을 환영했다. 첫째 테제는 그가 이 위기에서 결정적이라고 생각하는 것을 강조했다.

예수 그리스도는, 그가 성서에서 우리에게 증거 하셨듯이, 우리가 생명 과 죽음 안에서 믿고 순종하기 위해 들어야 하는 말씀이십니다. 우리는 선포의 근원으로서의 교회가 이 하나님의 유일하신 말씀 외에도 하나 님의 계시로서 다른 사건들과 권능들, 형상들과 진리들을 인식할 수 있 고 또 인식해야 한다는 거짓 교리를 거부합니다. (Die Barmer Theologische Erklärung, 36)

본회퍼의 파뇌 평화 연설

1934년 여름에 교회적 상황만이 긴장 속에 있었던 것은 아니었다. 국제 정치적 상황도 점점 더 긴장이 고조되고 있었다. 독일은 1933년 10월 14일 민족연합(Völkerbund)에서 탈퇴했다. 본회퍼의 관점에서,

국제적인 교회적 만남들이 더욱 중요해졌다. 바르멘에서 독일 그리스도인 연맹의 교의에 대한 명백한 비판을 한 후에 본회퍼가 에큐메니칼 회의에서 독일 그리스도인 연맹 측과 함께 테이블을 두고 마주 앉는 것은 상상할 수 없는 일이었다. 1934년 8월에 덴마크의 파뇌 (Fanø)에서는 '실천적 그리스도교를 위한 세계연맹과 에큐메니칼 협의회'가 열렸다. 사전에 본회퍼는 마틴 니묄러(Martin Niemöller)와 고백 연합의 의장인 칼 코흐(Karl Koch)를 대신하여 에큐메니칼 위원회가 바르멘 총회를 인정하는 표시로, 고백교회 대표를 파뇌에 공식적으로 초청해야 한다고 분명히 했다.

이것은 고백교회가 합법적인 독일개신교라는 주장을 확증하기 위한 것이었다. 오랜 협상 끝에 고백교회 총회의 두 대표가 회원으로 초대되었다. 동시에 본회퍼는 회의에서 "국가사회주의자인가 그리스도인인가에 대한 임박한 결단"(DBW 13, 179)을 분명히 하는 결의안을 요구했다. 사실 파뇌에서는 공동 에큐메니칼 결의안이 통과되어 독일 정부의 교회 정책을 분명히 비판하고 기도와 동감으로 고백교회를 확고하게 지지했다. 동시에 본회퍼와 코흐는 실천적 그리스도교를 위한 협의회의 "총괄 및 협력위원"으로 선출되었다. 고백교회는 이것을 중요한 신호로 보았다. 본회퍼는 벨에게 감사를 표했다.

저는 당신이 파뇌 회의에서 우리 교회의 일들을 보증해주신 큰 도움에 대해 크게 감사를 드리고 싶습니다. 최종 형태의 결의는 형제 정신, 정의 및 진실함의 진정한 표현이었습니다." (DBW 13, 494)

사진 6: 디트리히 본회퍼와 쟝 라세르, 1934년 8월 파뇌회의 중에

그러나 동시에 결의안에는 독일 그리스도인 연맹을 포함한 독일 개신교의 모든 그룹과 우호적인 관계를 유지하고 싶다는 문장이 포함되었다. 따라서 명확한 입장 표명이 장기간 연기되었다.

이 외에도 본회퍼는 기조강연 중 하나를 맡았으며, "교회와 민족 세계"(Kirche und Völkerwelt)를 주제로 강연했다. 1932년 때와 유사하게 그는 세계를 위한 교회일치운동의 특별한 중요성을 절박한 심정으로 강조했다. 그리스도교 교회는 실제로 특정한 국가적 정치적 맥락의 교회이지만 동시에 그것을 초월했다. 에큐메니즘은 평화에 대한 하나님의 부름을 들었기 때문에, 이제는 국가적 유대와 이익에 관계없이 그것을 민족 세계의 차원에서 평화를 지향해야 했다. 그에게 창세기 3장에 나오는 뱀의 질문은 이 부름 뒤에 다른 질문으로 되묻는 질문이다.

하나님은 인간의 본성을 더 잘 알고 계셔야 하고 자연법처럼 이 세상에서 전쟁이 일어나야 한다는 것을 아셔야 하지 않습니까? 하나님의 의도는 우리가 평화에 대해 말해야 한다는 뜻이 아니라, 그것이 문자 그대로 실행될 수 없다는 뜻이 아니었습니까? 하나님의 말씀은 우리가 평화를 위해 일해야 하는 것이 아니라, 안전보장(Sicherstellung)을 위해 탱크와 독가스를 제공해야 한다는 뜻이 아닐까요? 그리고 표면적으로 가장 진지한 질문으로: 하나님께서 당신의 백성을 보호해서는 안 된다고 말씀하셨어야 합니까? 하나님께서 이웃을 적에게 내어주어야 한다고 말씀하셨어야 합니까? 아니요, 하나님은 그 어떤 것도 말씀하지 않으셨고, 하나님은 인간들 사이에 평화가 있어야 하며, 모든 질문을 하기 전에 그에게 순종해야 한다고 말씀하셨습니다. 순종하기 전에 하나님의 명령에 의문을 제기하는 사람은 이미 그것을 부인했습니다." (DBW 13, 299)

그 대신 에큐메니칼 운동은 세상에 다음과 같이 상기시켜야 했다. "형제들은 […] 서로에게 무기를 향하게 할 수 없습니다. 왜냐하면, 그들은 자신들의 무기가 그리스도 바로 그분을 향하고 있다는 것을 알기 때문입니다"(DBW 13, 299 f.). 본회퍼는 안보(Sicherheit)를 통해 평화를 이룰 수 없다고 진지하게 진단했다. 안보를 원하는 사람은 다른 사람을 의심해야 한다. 그러나 이것이 바로 전쟁을 조장한다. 반면에 평화는 항상 대담한 행위(Wagnis)이며, 그 대담한 행위는 하나님의 계명에 자신을 온전히 내어놓는 것이다. 이 계명을 선포하는 것은 현재 파뇌에 모인 교회의 과제이다.

누가 세상이 듣기를 원하는 평화를 요구합니까? […] 전 세계에서 온 그리스도의 거룩한 교회의 위대한 에큐메니칼 공의회만이 세상이 분노를 억제하면서(zähneknirschend) 평화의 말씀을 들어야 한다고 말할 수 있으며, 그리스도의 교회가 그들의 자녀들에게 그리스도의 이름으로 무기를 내려놓는 것, 전쟁에 나가는 것을 금지하고, 미친 듯이 질주하는 세상에 그리스도의 평화를 선포하기 때문에, 이 민족이 행복하게 될 것이라고 말할 수 있습니다. 한시가 급합니다. 세계는 무장한 채 으르렁거리고 있으며 모든 시선에서의 불신은 끔찍하게 보입니다. 내일, 전쟁의 나팔 소리가 울려퍼질 수 있습니다. 우리는 더 이상 무엇을 기다리고 있는 것입니까?" (DBW 13, 300 f.)

이어지는 몇 달 동안 고백교회는 독일에서 계속해서 다듬어져 갔다. 1934년 10월 19일과 20일 달렘(Dahlem)에서 열린 제2차 고백교회 총회는 교회비상법(kirchliches Notrecht)을 선포하고 자체 지도부를 구성했다. 영국에 있는 거의 모든 독일 교회들과 마찬가지로, 본회퍼가 섬기는 런던교회들은 고백교회에 합류했다.

독일로 돌아오다

디트리히 본회퍼는 런던에서 올바른 형태의 교회 저항에 대해 계속해서 생각했다. 1934년 4월에 그는 스위스 친구인 에르윈 주츠(Erwin Sutz)에게 다음과 같이 썼다.

저는 교회의 저항을 위해 전력을 다해 일하지만, 분명한 것은 이 저항이 완전한 다른 저항으로 전환하는 예비 단계일 뿐이며, 이 첫 예비 투쟁에 참여하는 사람들은 그 둘째 투쟁에 참여하는 사람들에 비하면 가장 적은 부분에 속한다는 것입니다. 그리고 저는 우리를 포함한 전체 그리스도교가 '죽을 때까지 저항'(Widerstehen bis aufs Blut)하기를 기도하고, 그것을 함께 견디는 사람들이 나타나기를 기도해야 한다고 생각합니다. 단순하게 고통을 견디기는, 전초전에서 여전히 허용되고 가능한 총검술, 육탄전, 찌르기 공격을 하지 않기에 관한 것이 아니라, 나중에 도래하는 실제 전투에서 단순히 '믿으면서 견디기'(ein glaubendes Erleiden)여야 합니다. 그러면 아마도 하나님은 다시 교회에서 그의 말씀으로 고백될 것입니다. 그러나 그때까지 많은 것이 믿어져야 하고, 많은 기도가 이루어져야 하고, 많은 고통을 견뎌내야 합니다. (DBW 13, 128)

언뜻 보기에 본회퍼는 이 편지에서 히틀러의 폭력적인 제거에 '고난받을 준비가 된'(leidensbereite) 참여를 염두에 둔 듯하다. 그러나 더 자세히 살펴보면, 그는 교회에 대한 하나님의 새로운 지위보다 이 세상의 권력 변화들에 덜 의존하는 상당히 수동적이고 조용한 저항을 생각했다. 본회퍼는 예수의 산상수훈에 대한 일관된 방향의 결과로 그것을 희망했다.

저는 모든 문제가 산상수훈에서 결정되는 것에 경탄할 것이라고 생각합니다. […] 산상수훈에 대해 어떻게 설교하는지 적어보십시오. 저는 지금 무한히 평범하고 단순하게 시도하고 있습니다. —진정으로 그것은 항상 계명을 지키고 회피를 반대하는 것입니다. 그리스도를 모방하는 것—그것이 무엇인지 저는 알고 싶습니다.—그것은 우리의 믿음 개념 안에서 국한되지 않습니다. 저는 제가—예비 단계이긴 하지만—묵상훈련(Exerzitium)이라고 부르고 싶은 작업을 하고 있습니다. […] 저는 목사로서, 이 교회에서 얼마나 오래 머무를지 모르겠습니다. 아마도 더 이상은 아닐 수도 있습니다. 저는 겨울에 인도에 가고 싶습니다."
(DBW 13, 128 f.)

본회퍼는 마하트마 간디(Mahatma Gandhi)와 비폭력 저항 방법에 대해 알고 싶었던 인도로 여행하지 않았다. 그러나 1935년 3월에 그는 다른 형태의 교회 생활을 통해 국가사회주의를 내부로부터 극복하는 방안들을 모으기 위해 영국의 여러 그리스도교 공동체와 훈련 세미나를 방문했다.

산상수훈을 진지하게 받아들이기 시작하면 내면이 정말 분명하고 진실할 것임을 알고 있습니다. 산상수훈에는 폭죽에서 단지 몇 개의 타버린 불꽃이 남아있을 때까지, 모든 마법과 유령을 공기 중으로 날려버릴 수 있는 유일한 힘의 원천이 있습니다. 교회의 회복은 분명히, 그리스도를 뒤따르면서 산상수훈에 의해 옛것들과 삶을 타협하지 않음을 함께 소유하는 일종의 새로운 수도원주의에서 비롯됩니다. 사람들을 모아야 할 때라고 생각합니다. […] 하나쯤은 타협 없이 일하기 위한 가치가 있는 것들이 있습니다. 그리고 나에게는 평화와 사회 정의, 혹은 참으로 그리스도가 그런 것들인 것 같습니다." (DBW 13, 272 f.)

이러한 신념들을 지닌 채, 본회퍼는 1935년 4월에 독일로 돌아와 고백교회 형제회의 요청에 따라 고백교회의 새로 설립된 '설교학 세미나'(역자 주: 신학원)들 중 한 곳의 책임자가 되었다.

7 장

설교학 세미나의 지도자
(1935 ~ 1937년)

형제의 삶

달렘 총회(Dahlemer Synode)에서 선포된 긴급법(Notrecht)의 결과로 구 프로이센 고백교회는 목회자 양성을 위한 신학교육을 조직하기로 결정했다. 부퍼탈-엘버펠트(Wuppertal-Elberfeld)와 베를린(Berlin)에 있는 두 신학교(설립 당시 경찰에 의해 즉시 금지되었지만 계속 불법으로 운영함)에 추가하여, 5개의 자체 신학원(Predigerseminar) (이하: '설교학 세미나'로 표기함)을 재조직하였다. 설교학 세미나가 설립된 곳은 엘버펠트(Elberfeld), 빌레펠트(Bielefeld), 동프로이센의 블뢰스타우(Bloestau), 나움부르크 암 크뵈이스(Naumburg am Queis)와 폼메른(Pommern)이었다. 후보자들 중에 대다수는─고백교회 목사와 함께 수련목회자가 후보자들을 양성했다─고백교회에 대한 충성심 때문에 이미 감옥에 갇혀 있었다. 설교학 세미나에서 수련목회자들은 교회의 실습 과제를 신학적으로 성찰해야만 했다. 그런 다음 그들은 목사 안수를 받게 되었다. 1935년 말 '독일 개신교 보호법 시행을 위한 다섯째 조례'(Fünften Verordnung zur Durchführung des Gesetzes zur Sicherstellung der Deutschen Evangelischen Kirche)가 통과된 후, 새롭게 목사 안수를 받은 사람은 고백교회나 후원교회(Patronatskirche)의 목사나 보조 설교자로만 고용될 수 있었다. 후원교회란 후원자가 독립적으로 목회자를 고용할 수 있었던 회중교회를 의미했다. 고백교회의 설교학 세미나에 참석하기로 결정한 사람은 누구나 제국교회의 안정된 자리를 포기했다.

본회퍼는 폼메른에 있는 설교학 세미나에서 신학원장(Studiendirektor)이 되었다. 그의 첫 수업 장소는 1935년 4월에 베스트팔리안교회의 학생 성경 공부를 위한 여가 공간이었으며, 오스트제(Ostsee)의 칭스트 반도에 위치한 칭스트호프(Zingsthof)였다. 라인란트(Rheinland) 출신의 개혁교회 목사인 빌헬름 로트(Wilhelm Rott)가 학생주임으로 그의 편에 임명되었다. 6개월마다 진행되는 1기(期)와 후속 과정의 참가자 수는 20~25명의 후보자들이었다. 본회퍼의 전기 작가이자 1962년부터 1976년까지 라인란트에 있는 개신교 교회의 목회과정 책임자였던 에버하르트 베트게(Eberhard Bethge)와 후에 동독의 베를린-브란덴부르크의 주교이자 동독의 개신교 연맹 회장이 되었던 알브레히트 쉔헤어(Albrecht Schönherr)가 1기 과정에 참여했다. 20세기 후반의 독일어권에서 가장 중요한 루터 연구자 중 한 명이자 조직신학자였던 게르하르트 에벨링(Gerhard Ebeling)은 4기 과정에 참여했다.

휴가 기간이 시작된 1935년 6월 중순부터 칭스트호프를 더 이상 사용할 수 없었기 때문에 신학교는 스테틴(Stettin) 근처의 핑켄발데 (Finken- walde)의 농가로 사용되었던 건물로 이사했다. 핑켄발데의 건물에는 쓸만한 장비가 거의 없었기 때문에, 후보자들은 시 형식의 후원편지(Bittgedicht)를 통해 가능한 기부자에게 의지했다. 몇몇 교회와 사람들이 가구, 책 및 기타 현물 기부로 관대하게 응답했으며, 그때부터 기도들과 다양한 기부들로 작업을 지원했다. 반대로 핑켄발데인들은 핑켄발데와 스테틴에 있는 고백교회를 지지하는 지역교회와 동행했다. 또한, 그들은 소위 민족선교 여행(Volksmissionsfahrten)을 다녔는데, 그들은 다양한 교회에서 예배를 드리거나 어린이들을 위한 예배를 제공했다. 에버하르트 베트게는 핑켄발데 회람(Rundbrief)에서 이러한 선교 여행을 기술했다.

> 사역의 당연한 전제조건은 매일 아침 형제들이 진행한 경건회, 예배 전에 교회에서 행한 짧은 침묵의 시간, 예배 후 교회에서 가진 경건회였다. 우리는 설교에서 혼자가 아니라는 것이 얼마나 영광스러운 일인지 배웠다. 공동체는 기도를 통해 모든 말씀을 함께 전하고, 한 사람이 거부하면 다른 사람이 달려들어 돕는다. (Dierich Bonhoeffer Jahrbuch 5, 2012에서 인용)

설교학 세미나는 루트 폰 클라이스트-레트초프(Ruth von Kleist-Retzow)로부터 특별한 지원을 받았다. 그것은 키엑코프(Kieckow) 근처 클라인크뢰씬(KleinKrössin)에 있는 그녀의 주요 거주지였다. 그녀는

사진 7: 디트리히 본회퍼 핑켄발데 설교
학 세미나의 신학원장 시절, 1935년 8월

기숙 학교에서 국가사회주의 교육을 받게 하지 않기 위해 손녀를 슈테틴김 나지움(Stettiner Gymnasium)에 보냈다. 노부인과 본회퍼 사이에는 신학적 교회적 정치적 현안에 대한 집중적인 담론이 펼쳐졌다. 그때부터 본회퍼는 그녀의 단골손님이었다. 그녀의 손녀들인 마리아 폰 베데마이어(Maria von Wedemeyer)와 클라우스 폰 비스마르크(Klaus von Bismarck)와 약혼했던 루트-앨리스 폰 베데마이어(Ruth-Alice von Wedemeyer)는 때때로 핑켈발데 신학교의 예배에 참석했다.

본회퍼에 따르면, 설교학 세미나는 그 자체를 위한 공동체가 아니라, 교회 투쟁을 위해 적절히 준비되어야 했다. "수도원적 은둔(klösterliche Abgeschiedenheit)이 아니라, 외부 봉사를 위한 내적 집중(innerste Konzentrat- ion für den Dienst nach außen)이 그 목표이다"(DBW 14, 77). 이것이 목회직의 "개별화"와 "설교의 부담"을 극복하는 유일한 방법이다. 왜냐하면 "실천적이고, 살아 있고, 경험이 많은 형제애에서 비롯되는 설교는 더 객관적이고 두려움이 없을 것이며, 전달의 위험이 덜할 것이기 때문이다"(DBW 14, 76). "기도, 묵상, 성경공부 및 형제애적 토론에서 엄격하고, 기독교적인 생활방식으로"(DBW 14, 77) 하나님의 계명에 따른 공동생활을 통해서 교회의 설교가 다시 신뢰를 받을 수 있게 될 수 있을 것이다.

2기 과정부터는 형제의 집(Bruderhaus)에서 신학원의 사역을 지원했다. 형제의 집은 신학원 후보생들과 함께하고, 동창들과의 연락을 유지하는 데 전적으로 집중할 수 있는 미혼 남성 그룹으로 구성되어 형제들 간의 연대를 계속할 수 있도록 최선을 다해 도왔다. 그들은 또한 동문회의 수련회도 조직했다. 에버하르트 베트게와 후에 로트(Rott)의 후임자로 5기 수업 과정부터 학생주임의 직책을 맡았던 프리츠 온나쉬(Fritz Onnasch)는 관행적으로 형제의 집에서 함께 생활했다.

동문들과 가장 중요한 연결방법은 형제의 집이 담당했던 「월간 회람」(Rundbriefe)이었다. 회람들은 주로 공동체 내에서 동문 형제들의 사역을 안내했지만, 국가사회주의 정권에 대한 거부로 인해 투옥되거나 전선에서 싸웠거나 사망한 사람들에 대해서도 소식을 전했다. 회람은 중보기도를 요청했고, 설교학 세미나의 최근 활동에 대해 보고했으며 이전 회원들에게 배운 것을 잘 지켜나가도록 격려했다. 동봉된 설교 묵상은 공간적 분리에도 불구하고 설교할 때 공동 사역을 할 수 있도록 가능하게 만드는 것이었다. 또한 회람에는 최신 이슈에 대한 입장이 포함되었으며, 핑켄발데에서 아침 성서 묵상을 위한 성서 본문을 제공하기도 했다. 그것은 재학생과 졸업생들을 포함한 모든 형제들이 공동의 성서연구를 통해 유대관계를 형성하기 위함이었다.

설교학 세미나에서 일상 생활은 엄격하게 규정되었다. 본회퍼의 책인『나를 따르라』(*Nachfolge*)에 포함된 신약성서에 관한 내용들은 실천신학처럼 신학 강의와 연구모임이 중점을 이루었다. 이것은 설교학, 교리 교육(어린이와 청소년을 위한 기독교 교리 수업) 및 목회를 가르치는 것에 관한 것이었다. 그뿐만 아니라 구약성서와 교회법의 핵심 문제, 종교개혁의 고백 문서 및 교리도 다루었다.

신학교육 외에도, 공동의 영적 생활도 중심을 이루었다. 아침과 저녁의 공동기도회, 성서 묵상, 영적인 가사로 부르는 공동체적 찬양 시간이 정해져 있었다. 베트게는 모든 사람이 매일 아침 30분 동안 명상해야 한다는 본회퍼의 규칙이 후보자들에게는 특히 어려웠었다고 회고한다. 당시를 회고하자면,

> 일부는 그들이 잠들었었다고 이야기했다. 일부는 이 30분 동안 설교 준비를 하고 있었다. 그들은 그렇지 않으면 절대적으로 이 시간을 시작할 수 없었음을 알고 있었을 것이다. 또 다른 학생들은 이탈하지 않고, 30분 동안 가만히 모인 상태로 있을 수 없었다고 고백했다. 그들은 성서 주석도 읽었다. […] 다른 세미나에서는 칭스트 사람들이 양치질하면서 명상한다는 조롱을 하기도 했다. (Bethge, 530)

본회퍼는 규정을 폐지하지는 않았지만, 공동 명상의 시간을 일주일에 한 번으로 하면서 학생들의 부담을 덜어주었다. 그는 또 학생들에게 정기적으로 서로에게 개별적으로 죄를 고백(*Beichte*)할 기회를 갖도록 격려했다. 본회퍼가 공동생활을 위해 세운 다른 여러 원칙도

있었다. 아마도 가장 힘들었던 부분은 그가 부재중인 형제에 대해 말하지 않도록 한 것이었다.

본회퍼는 핑켄발데에서 시도한 생활이 율법적이라고 빠르게 비난받았다. 그는 단호하게 이것을 해명했다.

이것이 율법적이라는 비난은 전혀 나를 타격하지 않습니다. 그리스도인이 무엇을 기도해야 할지 배우기 위해 준비하고 이 학습에 많은 시간을 투자하는 것에 대해 진실로 율법적이어야 하는 것은 무엇입니까? 고백교회의 한 지도자가 최근 나에게 '지금은 명상할 시간이 없습니다. 후보자들은 설교와 교리 교육을 배워야 합니다'라고 말했다면, 그것은 설교와 교리 교육이 어떻게 만들어지는지에 대한 사악한 무지입니다. 오늘날 젊은 신학자들이 우리에게 묻는 진지한 질문은 다음과 같습니다: 기도하는 법을 어떻게 배웁니까? 성서 읽는 법을 어떻게 배우나요? 우리가 그 부분에서 그들을 도울 수 있거나 전혀 도울 수 없습니다. (DBW 14, 237)

많은 설교학 세미나 참가자들은 핑켄발데에서 보낸 시간이 그들의 삶에서 가장 인상적인 시기 중 하나라는 것을 알게 되었다. 1기 과정이 끝날 때, 본회퍼는 참가자들에게 편지를 썼다.

1935년 여름은 직업적으로나 인간적으로 나에게 가장 보람찬 시간이었습니다. 여러분과 함께 한 공동생활에서 [⋯] 나는 두 가지 관점에서 그 어느 때보다 더 많이 배웠습니다. (DBW 14, 97 f.)

『나를 따르라』

본회퍼는, 뉴욕에 있을 때부터 그리고 런던 시절에 더 깊어진, 마태복음 5-7장의 산상수훈과 산상수훈에 따른 일관된 삶을 가능하게 했던 영향에 대해 깊이 생각했다. 그에게 산상수훈은 (항상 원수를 사랑하는 것과 같은) 윤리적 원칙의 목록이 아니라 예수 그리스도를 따르는 것이 무엇을 의미하는지를 낱낱이 해독해나가는 것이었다. 이러한 예수 그리스도를 따르는 지향은 그에게 교회 투쟁에서 점점 더 중요해졌다. 왜냐하면 정치적 영향력을 상실해버린 교회라고 조롱당하는 현재 상황을 고려할 때, 기독교적 관점에서 하나님을 찾을 수 있는 곳에 대한 성찰은 유익했기 때문이었다.

당신의 하나님은 어디에 있습니까? 사람들은 떠들썩하면서 의심스럽거나 경멸적으로 우리에게 질문합니다. 죽음, 죄, 고난(기근)과 전쟁, 또한 용기, 힘, 명예—사람들은 그것을 봅니다. 하지만 당신의 하나님은 어디에 있습니까? 우리가 아직 하나님을 보지 못했기 때문에, 우리의 형제들에게 증명할 수 없기 때문에, 흐르는 눈물을 부끄러워할 필요가 없습니다. 그것은 하나님 때문에 우는 눈물이며, 그가 측량하는 눈물입니다(시 56:9). 당신의 하나님은 어디에 있습니까? 우리는 보이는 것으로서 대답할 수 있는 분은 하나님의 진정한 아들로서 사시고, 죽으시고, 부활하신 인간을 가리킬 수 있습니다. 그분은 예수 그리스도이십니다. 그는 죽음 안에서 우리의 삶, 죄 안에서 우리의 용서, 긴급한 상황 가운데 우리의 도움, 전쟁 중에서 우리의 평화이십니다. "이 사람을 가리키고 말해야 합니다. 이분이 바로 하나님이십니다!"(루터). (DBW 14, 854)

본회퍼는 핑켄발데에서 다섯 과정 전 기간 동안 제자도를 주제로 삼을 수 있는 다양한 강조점을 가진 성서 본문들을 읽었다. 베를린 대학의 1935~36년 겨울학기 그의 마지막 강의도 같은 주제였다. 제자도의 의미를 설명하면서 그는 또한 교회 투쟁의 상황에서 그리스도인의 삶이 어떤 모습이어야 하는지 설명했다. 따라서 핑켄발데 학생들은 그가 그의 강의를 책으로 출판하기를 바랐다. 1937년 3월의 회람은, 1937년 2월 4일 그의 생일을 맞아 "소원은 […] 이번에 돌아보고 4기 과정을 갖는 것"이라고 기록했다고 했는데, 거기에는 "1.『나를 따르라』를 우리의 졸업 전에 출판하고 싶다 […]"(DBW 4, 12)는 내용이 포함되었다고 보고했다. 이 책은 1937년 말에 출판되었다. 이 책은 본회퍼의 책 중에서 전 세계적으로 가장 널리 읽혀진 책이다.

이 책은 "값싼 은혜"(billiger Gnade)에 만족하지 말라는 권고로 시작된다.

값싼 은혜는 우리 교회의 필멸의 적입니다. 오늘 우리의 투쟁은 값비싼 은혜를 위한 것입니다. 값싼 은혜는 덤핑 상품, 남발된 용서, 남발된 위로, 남발된 성찬으로서의 은혜를 의미합니다. […] 가격과 값어치가 없는 은혜. […] 그리스도인이 세상처럼 살기 때문에, 그는 모든 면에서 세상과 동등하며, 전혀 감행하는 삶을 살지 않습니다. […] 은혜 아래에 있지만, 죄 아래에 있는 삶과 다를 바 없는 삶을 살아갑니다. […] 값싼 은혜는 우리 자신들이 가지고 있는 은혜입니다. (DBW 4, 29 f.)

그리스도인이 된다는 것은 값비싼 은혜에 관한 것이다.

값비싼 은혜는 농장에 감춰진 보화입니다. 사람이 가서 그 보화를 위해 그가 가지고 있었던 모든 것을 기쁨으로 파는 것을 의미합니다. 상인이 그의 모든 재화를 포기하는 값으로 희귀한 진주를 갖는 것입니다. […] 예수 그리스도의 부름은 제자가 그물을 떠나 그를 따르라는 것입니다. […] 그것은 따르라고 부르기 때문에 값비싸고, 예수 그리스도를 따르라고 부르기 때문에 은혜입니다. 그것은 사람들에게 생명의 값을 치렀기 때문에 값비싼 것입니다. 하나님이 그것을 값비싸게 만드셨기 때문에, 하나님이 자기 아들의 생명의 값으로 치르셨기 때문에, […] 하나님께 값비싼 것이, 우리에게 값싸지 않기 때문에, 은혜는 값비싼 것입니다. (DBW 4, 30 f.)

값비싼 은혜에 대한 이야기로 본회퍼는 마틴 루터의 칭의론에 대한 오해의 방향을 전환시킨다. 이것의 중심에는 하나님께서 인간을 '오직 은혜로' 의롭게 하신다는 말씀이 있다. 이것은 다음을 의미한다. 인간은 하나님에 의해 받아들여지기 위해서 아무것도 해서도 안 되고, 아무것도 할 수 없다. 어떠한 선하고 도덕적인 행위도, 어떠한 종교적인 행위도 하나님을 수용함(Annahme)을 야기시킬 수 없다. 하나님은 인간을 어떠한 조건 없이 오직 은혜로 받아들인다. 인간은 이것을 단지 믿어야만 하고 이것은 인간의 입장에서는 인정하는 것을 의미한다. 루터에 의하면, 오직 이러한 믿음 안에서 인간은 자신의 유익을 구하지 않고 하나님의 계명을 충만케 하기 위하여, 즉 순종하기 위하여, 이러한 상황에 놓인다. 본회퍼는 루터의 가르침을 공식화했다. "오직 믿고 있는 자만이 순종합니다"(Nur der Glaubende ist gehorsam) (DBW 4, 52). 본회퍼에 따르면, 이제 오해는 하나님의 은혜에 어떠한 변화된 행동도 추구하지 말아야 한다거나, 어떠한 순종도 해야 할 필요가 없다는 결론에 놓여 있다. "은혜는 모든 것을 홀로 하기 때문에, 모든 것이 변함없이 유지될 수 있습니다(alten bleiben)"(DBW 4, 29). 믿음과 순종이 그렇게 서로 분리되어 버렸다. 하지만 본회퍼는 믿음과 순종이 직접적으로 서로 속해야 한다고 주장한다. 순종 없이, 하나님의 뜻대로 살아감 없이, 믿음도 존재하지 않는다. 제자도는 두 가지가 모두 적용되는 상황이다. "오직 믿고 있는 자만이 순종하고, 오직 순종하는 자만이 믿습니다"(DBW 4, 52). 믿음이 삶을 변화시킬 필요는 없다고 생각하는 것은 일종의 망상이다.

이 기본 사상을 바탕으로 본회퍼는 우선 예수께서 사람들을 제자로 부르신 방법에 대한 다양한 신약성서의 역사들을 해석한다. 그것들은 인간이 행해야만 하는 순종에 관해 말하고, 제자도가 의미하는 고난에 관해 말하고, 예수의 부르심을 통한 고립(Vereinzelung)에 대해 말한다. 그런 방식으로 신약성서의 역사들은 그리스도를 따르는 급진성(Radikalität)을 보여준다.

> 부름을 받은 사람은 그가 가진 모든 것을 떠납니다. 그렇지 않으면 그는 예수님을 따를 수 없기 때문입니다. [⋯] 제자는 삶의 상대적인 안전에서 완전한 불안정으로 (즉, 실제로는 예수 공동체의 절대적인 안전과 보호받음으로) 간과할 수 있고 예측할 수 있는 것에서 (즉, 실제로는 예측할 수 없는 것에서) 완전히 간과할 수 없는 것, 우연한 것으로 (즉, 실제로는 필요하고 생각할 수 있는 유일한 것으로) 유한한 가능성의 영역에서 (즉, 실제로는 무한한 가능성에서) 무한한 가능성의 영역으로 (즉, 실제로는 유일하게 자유롭게 되는 현실로) 던져집니다. 다시 말하지만 이것은 일반적인 율법이 아닙니다. 오히려 모든 율법성(Gesetzlichkeit)의 정반대입니다. 다시 말하지만, 그것은 오직 예수 그리스도와의 유대(Bindung)일 뿐입니다. (DBW 4, 46 f.)

이 책의 주요 부분은 산상수훈에 대한 해석이다. 본회퍼는 예수께서 이끄시는 일관된 삶을 통한 제자들의 특별한 삶의 상황을 묘사하고, 세속적인 유대들(Bindungen)로부터 자유롭게 되는 방식으로 살도록 훈계하고 격려한다. 그는 한 사람이 그리스도를 뒤따를 때 얼마나 큰 대가를 지불해야 하는지에 대해서 비밀로 하지 않지만, 그리스도를 뒤따르고 있는 사람은 혼자가 아니기 때문에 그러한 희생이 가치가 있음을 거듭 강조한다—"그는 그리스도를 소유하고 제자들의 공동체를 소유합니다."

『나를 따르라』의 2부에서 본회퍼는 예수께서 당시의 제자들처럼 오늘을 살고 있는 사람들을 더 이상 만나지 못하는 문제에 대해서 언급한다. 오늘날에도 여전히 제자도에 관한 것이지만, 예수의 죽음, 부활, 승천 이후에 제자로 부르심과 제자도에 머물러 있는 것은 오늘날 다른 형상(Gestalt)을 지니고 있다. 제자로의 부름은 교회에서 설교와 성만찬을 통해 재현된다. 본회퍼가 그의 초기 통찰을 되풀이하는 것처럼 오늘날 그리스도가 현재하는 곳은 바로 교회이다. 오늘날의 세례는 더 이상 이 세상과 유대를 맺지 않는다는 것을 의미한다. 제자직에 머무르고 있다는 것은 오늘날 그리스도의 몸된 교회에 머무른다는 것이다. 여기에 더해 본회퍼는 교회에 머무른다는 것은 '보여지는 교회'(sichtbare Kirche)에 머무른다는 것을 의미한다고 강조한다.

표면적으로 이 책은 세상에 낯선 그리스도의 영성을 선포하는 것 같다. 그러나 더 자세히 살펴보면, 예를 들어 오늘날의 독자들에게 예수의 부르심에 대한 "단순한 순종"(einfältigen Gehorsams)이라는 어려운 개념에서 분명한 정치적인 암시를 발견하게 될 것이다. 본회퍼는 히틀러에 반대해서, 그 당시에 요구되는 맹목적인 순종을 반대한다고 주장했다. 민족공동체(Volksgemeinschaft)로 쏠리는 사람들의 풍조(Aufgehen)에 맞서, 본회퍼는 예수께서 사람들에게 제자로서 따르라고 개별적으로 부르신다고 주장한다.

구체적인 교회의 정치적 상황 역시 이러한 배경 속에 있다. 현재의 상황은 고백교회의 목사 후보생들과 목사들이 그들을 향한 따르라는 부르심과 고백교회의 형태로 가시적인 교회에 계속 충성하고 있다는 사실에 관한 것이다. 따라서 본회퍼는 현재 상황에서 긴급하게 원수사랑, 맹세, 저항권과 같은 주제를 다룬다. 급진적이고 엄격한 어조로 쓴 이 책은 그리스도인들이 갈림길에 처해 있는 것을 보여준다. 이제 누가 "전적으로 확실하게 교회의 결정이라는 좁은 길을 택할 것인지" 결정된다(DBW 4, 24). 즉 바르멘과 달렘의 고백교회 총회의 결정에 충성하게 하고 이로써 유일하게 올바른 보여지는 교회(sichtbare Kirche)를 고수하며, 자신을 타협과 제자직으로부터 이탈(Abfall)하려는 유혹에 빠지지 않게 하는 것이다.

고백교회에 대한 압박

설교학 세미나 개강 첫 달에 고백교회의 상황은 상당히 악화되었다. 1935년 초부터 구 프로이센 연합교회의 재정은 국가 감독하에 있었다. 교회의 분쟁은 내무부의 의사결정 이전에 협상되어야 했다. 또한 한스 케를(Hanns Kerrl)을 수장으로 하여 교회 본부를 구성했으며, 즉시 교회의 다양한 흐름에 맞추어 공동작업을 수행할 교회위원회를 구성했다. 이러한 맥락에서 본회퍼는 "목회 중인 형제들에게"라는 제목의 호소문에 서명하면서, 바르멘과 달렘의 결정에 대한 반대론에 대해 조치할 사항들이 있음을 분명히 했다. 국가와 타협하고 협력을 준비하는 모든 가능성은 거부되어야만 했다. 본회퍼는 고백교회의 많은 사람들이 국가가 만든 구조에서 일하려는 의지는 잘못되었다고 간주했다. 이 상황에서 그는 마틴 니묄러에게 "비상 연합 안에서 비상 연합을 만들 때"(an der Zeit, einen Notbund im Notbund zu schaffen) (DBW 14, 65)라고 편지를 썼다.

설교학 세미나는 1935년 11월 9일에 국가가 1923년 뮌헨에서 벌어진 히틀러 폭동[1] 때 '타락한' 사람들을 위해 조직한 '부활축제'를 계기로, 교회 문제에 대해 고백교회의 치리회에 여러 성명을 발표했다. 뮌헨에서는 교회가 국기 조례를 통해 참여해야 했다. 신학생들은 구 프로이센 연합의 형제 협의회에 고백교회의 목사들에게 분명한 '지시사항'을 말하도록 요청했다. "이날에 즈음하여 분명한 고백은, 이러한 국가적 이상적 부활 관념에 관한 그리스도교적 부활 희망의 명확한 경계를 세워야만 했던 것입니다"(DBW 14, 95).

"독일 개신교를 보호하기 위한 법률 시행에 관한 제5조"는 고백교회의 활동에 특히 큰 영향을 미쳤다. 1935년 12월 2일 교회 행정국이 발행한 이 법은 고백교회의 발령, 해고 및 헌금, 목사고시 및 안수를 금지했다. 그 이후로 설교학 세미나의 활동은 불법성에 직면했다. 상황이 악화되는 것을 고려하여 설교학 세미나 출신의 전 형제들은 형제의 집을 통해 격려를 받았다.

어떤 상황에서도 우리는 교회가 아니라 '운동'이라고 말함으로써 자신

---

1 역자 주 : 1923년 11월 8~9일에 있었던 히틀러 폭동(Hitlerputsch)은 히틀러-루덴도르프 폭동(Hitler-Ludendorff-Putsch), 뮌헨 폭동(München Putsch) 또는 비어 홀 반란, 맥주 홀 반란(Bürgerbräu-Putsch)이라고 불리기도 한다.

을 오도하지 마십시오. 바르멘과 달렘에서 말한 모든 것이 포기되어야만 하고 그러면 우리는 독일 그리스도인 연맹 신앙운동의 연장선 안에 있는 것이 됩니다. 우리는 그러한 운동이 아니라 예수 그리스도의 교회입니다. (DBW 14, 102)

1936년 2월 17일부터 22일까지 바트 외인하우-젠(Bad Oeynhausen)에서 열린 고백교회 총회는 교회 행정국에서 설립한 위원회 참여를 거부했지만, 금지하지도 않았다. 고백교회는 루터교의 관점에서 교회 규정이 어떤 방식으로든 설계될 수 있다는 것이 "개혁된 합법성"(reformierte Gesetzlichkeit) (DBW 14, 701)이 될 것이라는 주 관련 위원회의 참여 금지에 반대했다. 본회퍼는 설교를 위해 교회의 규정이 존재하며 오직 교회의 신앙고백만을 지향해야만 한다고 주장했다. 교회행정국은 교회가 아닌 외부에서 임명되었기 때문에 합법적이지 않다는 것이다.

핑켄발데와 다른 두 세미나의 형제 협의회는 또한 1936년에 점점 더 많은 고백교회의 회원들이 위원회와 협력하기로 결정했을 때 항의했다(당시의 핑켄발데 세미나 포함).

바르멘과 달렘에 '예'라고 말한 많은 형제들, 형제 협의회와 임시 교회 부서에 순종하기를 암암리에 거부하고, 국가위원회에 의지하는 형제들이 얼마나 많은지 충격적입니다. 문서와 고백으로 이것을 정당화할 수 없습니다. 아마도 사람들은 더 이상 전혀 원하지 않을 것입니다. 이

것은 불법적인 쓰레기에 지나지 않습니다. […] 교회는 믿음과 순종만

으로 규정된 투쟁만을 수행했습니다. 교회는 오직 말씀으로만 인도되

었습니다. 교회는 주님을 위해 세상의 모든 걱정, 모든 안전, 모든 우정

을 기꺼이 바쳤습니다. […] 그리고 오늘 우리는 세상의 우정을 위해 길

을 내주고, 보장된 미래를 위해 팥죽 한 그릇(Linsengericht)에 언약을 팔

고자 합니까? 우리는 우리 자신의 행동을 통해 우리 교회의 메시지를

믿을 수 없게 만듭니다!" (DBW 14, 170)

다른 교회 정치적 입장에서도 본회퍼는 예리함을 유지했다. 1936

년 봄에 그는 "교회공동체에 관한 문제"(Zur Frage nach der Kirchengemein-

schaft)라는 논문을 발표했다. 이 논문에서 그는 "제국교회 정부는 […]

그리스도교 교회와 헤어졌다. 고백교회가 독일에 있는 예수 그리스

도의 참된 교회이다"(DBW 14, 668)라고 진단했다. 그리고 이것이 바로

"독일의 고백교회에서 고의적으로 자신을 분리하는 사람은 누구나

자신을 구원과 분리합니다"(DBW 14, 676)라는 말을 유효하게 했다.

이 문장은 특히 열띤 토론을 불러일으켰다. 본회퍼는 지적했다.

고백교회가 유일한 참된 교회가 아니라면, 젊은 신학자들이 고백교회

에서 검증되고, 안수받고 목사로서의 임무를 수행하기 위해 자신의 존

재를 위험에 빠뜨려야 하는 이유를 이해할 수 없습니다. […] [그런 다음]

투옥되고 추방된 형제들의 고통은 더 이상 그리스도와 그의 사역 때문

에 고통받지 않을 것입니다. […] 바르멘 선언은 성령에 의해 행해진

(gewirkt) 주되신 예수님에 대한 진정한 고백입니다. 그러면 그것은 교회를 형성하기도 하고 교회를 분열시키기도 하는 성격을 가지고 있습니다. 그렇지 않으면 많은 신학자들의 의견의 구속력이 없는 표현인 경우 고백교회는 그 이후 운명적으로 잘못된 길을 걸어온 것이 됩니다." (DBW 14, 693, 696)

그러나 본회퍼의 강하게 비판된 문장은 사람들을 구원에서 배제하는 것이 아니라 독일 그리스도교 교회 리더십을 폭로하기를 원했다.

교회도 "단지 고의로 거짓 교사를 고수하는 한" 영향을 받습니다. "[…] 그들을 더 잘 가르칠 수 있는 정당한 가능성이 있는 한, 우리는 그들을 합법적인 교회의 회원으로 간주하고, 그들도 우리에게 속해 있다고 말할 것입니다." (DBW 14, 191)

1936년 3월 본회퍼는 스웨덴 에큐메니칼 협의회의 초청을 받아 핑켈발데 신학교 학생들과 함께 덴마크와 스웨덴으로 여행했다. 이 여행이 에큐메니칼적으로 경험될 것이라는 주목에 대해 테오도르 헤켈(Theodor Heckel) 해외지부 의장(Auslandsbischof)은 폼메른에서 국가교회위원회에 반대하는 본회퍼를 다음과 같이 비난했다.

그가 평화주의자이며 국가의 적이라는 기소를 할 수 있기 때문에, 국가

교회위원회는 분명히 거리를 두고 독일 신학자들이 더 이상 교육을 받지 못한다는 조치를 취하는 것을 허가해야 합니다. (DBW 14, 126)

얼마 전부터 이미 국가 측에서는 본회퍼가 거의 불법적인 설교학 세미나의 책임자가 되어서는 안 되며 동시에 베를린 대학에서 개인 강사로 가르치면 안 된다고 처리한 상태였다. 1936년 8월 5일, 제국의 교육부 장관은 바로 이런 이유로 본회퍼의 베를린 대학에서 개인 강사로서의 교수 자격을 취소했다.

핑켄발데에서 사역하는 중에, 본회퍼는 해외 에큐메니칼 운동 대표들에게 독일 상황에 대해 지속적으로 알리고 외부로부터 지원을 받기 위해 고백교회 후보자와 외국 교회 사이에 정기적인 에큐메니칼 교류를 시작하려고 시도했다. 본회퍼가 반복해서 주장했다.

고백교회와의 모든 대화에서 교회적 연대는, 대담자가 고백교회와 고백교회가 거부한 거짓 교리를 가르치는 교회들과 대화를 시작하지 않았다는 사실에서 표명되어야 한다. 에큐메니칼 대담자 측에 의해서도, 궁극적으로 대화를 깨뜨렸다고 선언할 교회적 책임이 있는 지점에서 대화가 중단되었다. (DBW 14, 383)

이것은 대부분 해외에서 받아들여지지 않았다. 사람들은 본회퍼가 "절대적이라고 선언된 신학"(Hans Schönfeld, 에큐메니칼 위원회의 연구 부서 책임자, DBW 14, 48)을 요구한 배경을 알아차렸다. 본회퍼와 고백교회의 다른 대표자들은 일관되었고, 1935년 8월 캠비(Chamby)에서 열린 세계연맹과 에큐메니칼 협의회에 참석하지 않았다. 제국교회도 초대되었기 때문이었다.

본회퍼는 1년 후 같은 장소에서 열린 에큐메니칼 협회의에 참석했다. 독일 참여 방식에 대한 논쟁이 다시 발생했다. 결국 세 명의 독일 대표단이 참석했다. 고백교회에서 한 명, 1934년에 설립된 루터교 협의회에서 한 명, 제국교회에서 한 명이었다. 본회퍼 자신은 회의에서 한마디도 말하지 않았으며, 에큐메니칼적 명확성이 부족하다는 이유로 사임했다. 1937년 8월 29일, 제국의 총통이었던 하인리히 힘믈러(SS Heinrich Himmler)에 의해 설교학 세미나 운영이 금지되었다. 핑켄발데에서 열린 본회퍼의 세미나는 1937년 9월 28일 케슈타포에 의해 폐쇄되었다.

8 장
불법으로 가는 길
(1937~1940년)

신학원의 새로운 형태

핑켄발데 신학원(이하: 설교학 세미나)은 1937년 여름 이후로 문을 닫았고, 고백교회의 수련목회자 교육(Vikarsausbildung)은 명백히 금지되었다. 그러나 본회퍼는 계속해서 수련목회자들을 교육했다. 그는 개신교 목사들과 가톨릭 신부들의 체포가 늘어나고 있다는 점에서 이러한 활동의 위험이 증가하고 있음을 잘 알고 있었다. 1937년 7월 1일, 고백교회에서 가장 탁월한 인사들 중 한 명인 마틴 니묄러가 체포되었다. 1937년 11월 본회퍼는 자기 일에 대한 어머니의 걱정에 대한 응답으로 형인 칼-프리드리히(Karl-Friedrich)에게 편지를 썼다.

만일 어머님이 너무 걱정하고 다른 사람들을 이 불안에 빠뜨리고 있다면 늘 죄송합니다. 그러나 사실 그러실 이유가 없습니다. 우리는 더 이상 힘플러(Himmler)의 법령이 이미 수백 명에게 일어났던 것과 같은 의미를 가질 것이라고 걱정해서는 안 됩니다. 우리는 희생 없이 교회의 대의를 관철시킬 수 없습니다. 부모님께서도 전쟁 중에 더 많이 희생하셨습니다. 우리도 교회를 위해서 그렇게 해서 안 되는 이유는 무엇입니까? 그리고 왜 우리를 설득하고 싶어 하십니까? 확실히 우리 중 누구도 감옥에 가고 싶어 상처를 내는 사람은 없습니다. 그러나 만약 그렇다면, 그것은 그만한 가치가 있기 때문에—바라건대 기쁨이 될 것입니다—우리는 다음 주 초에 다시 시작하려 합니다. (DBW 14, 303)

1937년 12월 초부터 쾨슬린(Köslin)과 힌터폼메른(Hinterpommern)의 그로스-슐뢴비츠(Groß-Schlönwitz)에 있는 두 곳의 목사관에서 교육이 계속되었다. 1939년 4월부터 제이의 신학원 그룹은 새로 부임한 목사에게 그로스 슐뢴비츠 목사관이 필요했기 때문에, 근처에 있는 지구어드스호프(Sigurdshof)로 이전되었다. 수련목회자들의 모임은 공식적인 목사직을 가지고 있긴 했지만 고백교회에 소속된 목사들에게는 공식적으로 '교사직을 수행하는 수련목회자'(Lehrvikare)로 등록하는 형태를 취했다. 후보자들은 교회를 도왔지만 대부분은 핑켄발데에 참여하기 위해 두 곳의 목사관에서 함께 살았다. 물론 비밀로 해야 했다. 여섯 명에서 아홉 명의 후보자가 두 목사관에서 각각 2년 반 동안 살았다. 쾨슬린에 있는 수련목회자 모임은 1939~40년 겨울에 전쟁 발발과 군대 징병으로 인해 더 이상 존립할 수 없었다. 그로스슐뢴비츠의 교무주임은 에버하르트 베트게였고, 쾨슬린의 교무주임은 프리츠 온나쉬(Fritz Onnasch)였다. 수련목회자 모임은 책임감 있는 두 교육감에 의해 지원되었다. 그 두 사람은 쾨슬린에 있는 쾨슬린 출신 교무주임의 아버지였던 프리드리히 온나쉬(Friedrich Onnasch)와 쉴라베(Schlawe)에 있는 에듀아르드 블록(Eduard Block)이었다. 이 둘은 국가와 교회 입장에 반대해서 교사직을 수행하는 수련목회자 후보생들을 위한 책임을 맡았다. 본회퍼는 공식적으로 블록(Block)을 돕는 보조 설교자(Hilfsprediger)로 고용되었다.

내용 면에서 본회퍼는 수련목회자 모임에서 핑켄발데의 강의를 반복했다. 이것은 또한 후보자들에게는 감동적인 시간이었다. 그들 중 한 명이 회상하면서 본회퍼에게 편지를 썼다.

저는 슐뢴비츠에 올 때 진심으로 기쁘지도 희망적이지도 않았습니다. […] 저는 이 시대의 육체적으로나 정신적으로 편협함을 보는 것이 섬뜩했습니다. 그것은 품위 있게 나아가야만 했고, 자기수양을 이유로 품위 있게 극복해야만 했던 필요악이었습니다. […] 모든 것이 내가 두려워했었던 것과 다르게 다가왔습니다. 신학적 불평의 곰팡내 나는 공기에 들어가는 대신, 나는 내가 사랑하고 필요로 하는 많은 것을 하나로 묶은 세상 속으로 들어왔습니다. 자신의 무능력을 해치지 않고 일을 기쁨으로 만드는 동지적 공동체성에서의 고결한 신학적 사역, '사람의 외모와 관계없이' 모든 사람을 하나로 묶은 말 아래 진정한 형제애, —이와 더불어 이러한 타락한 창조물을 사랑스럽게 만드는—그것은 음악, 문학, 스포츠 및 이 땅의 아름다움입니다. —모든 것에 대한 열린 마음과 사랑이 가득했습니다." (DBW 15, 129 f.)

교육사역이 더 이상 공식적으로 허용되지 않았기 때문에, 본회퍼는 이 기간에 동창들에게 "개인 편지"(Persönlicher Brief)라는 제목으로 회람을 썼다.

본회퍼 자신에게는 1938년 1월 이후 상황이 더욱 어려워졌다. 게슈타포가 실수로 신학 강연의 금지된 개최라고 간주했던 베를린의 고백교회의 행사에 참석했기 때문에, 그는 참석한 다른 사람들과 함께 1938년 1월 11일 베를린에 체류하는 것이 금지되었다. 아버지의 이의 제기 후에서야, 그는 가족 방문에 대한 특별 허가를 받았다.

『신도의 공동생활』

디트리히 본회퍼는 핑켄발데의 공동 영적 생활에 대한 설명을 책의 형식으로 마감한 후 1939년『신도의 공동생활』(Gemeinsames Leben)이라는 제목으로 출판했다. 왜냐하면 그것은 핑켄발데 신도들의 "사적인 동아리(Zirkel) 수준의 관심사에 관한 것이 아니라, 교회에게 부여된 과제"에 관한 것을 다루었기 때문이다. 후에『나를 따르라』와 마찬가지로『신도의 공동생활』은 다양한 언어로 보급되었다.

이 책의 처음 문장 중 하나는 교회 투쟁의 어려움을 표현하고 있다. "그리스도인이 그리스도인과 함께 살도록 허용되는 것이 당연한 문제가 아닙니다." 왜냐하면 "실제로 그리스도인은 수도원 생활의 은둔

생활에 속하지 않고, 원수의 지배 가운데 속하기 때문입니다. 거기에 그의 사명과 그의 사역이 있습니다"(DBW 5, 15). 핑켄발데에서 가능했던 것처럼 다른 그리스도인들과 몸소 함께 살 수 있다는 것이 은혜이다. 본회퍼에게 중요한 것은, 다른 그리스도인과의 교제가 인간 공동체를 위해서가 아니라, 예수 그리스도를 위해 추구된다는 것이었다.

> 그리스도인은 그에게 하나님의 말씀을 말하는 그리스도인을 필요로 하고, 만약 그가 의심스러워지고 낙담하게 된다면, 하나님의 말씀을 말하는 그리스도인을 거듭해서 필요로 한다. 왜냐하면 스스로에게 진실을 속이지 않고서는 스스로의 힘으로 스스로를 도울 수 없기 때문이다. […] 자기 자신의 마음에 있는 그리스도는 형제의 말씀 속에 있는 그리스도보다 약하다. 자기 마음에 있는 그리스도는 불확실하고, 형제의 말씀 속에 있는 그리스도는 확실하다. (DBW 5, 19 f.)

그리스도교 공동체는 실현될 이상이나 정서적 애정의 심리적 공동체로 구성되어 있지 않다. 그리스도교 공동체는 모든 구성원이 예수 그리스도를 믿는다는 사실에 의해 이미 주어졌다. 그러므로 그리스도교 공동체는 궁극적으로 그리스도에 의해 구성된다. 그리스도교 공동체는 이 기초 위에서 형성되어야 한다.

본회퍼에 따르면 그리스도교 공동체의 일상은 공통된 요소와 외로운 요소를 모두 포함한다. 하루는 이른 아침 예배로 시작한다.

기숙사공동체(Hausgemeinschaft)는 찬양과 감사, 성서 읽기와 기도를
위해 모입니다. 아침의 깊은 고요함은 공동체의 기도와 찬양을 통해서
만 깨집니다. […] 하루의 시작은 그리스도인에게 평일의 여러 가지로
인해 이미 부담과 압박이 되어서는 안 됩니다. (DBW 5, 37)

본회퍼는 그러한 아침 예배가 어떻게 구성되어야 하는지에 대해
정확한 제안을 한다: 먼저 시편 기도를 하고, 찬양 후 다소 긴 구약과
신약의 구절이 있는 성서 읽기. 이어서 함께 찬양하기. 아침 예배의
마지막은 각자 자유 기도로 구성된다. 저녁에는 이와는 다르게 공동
기도로 마무리할 것이다.

공동체에서 특히 중요한 것은 죄의 고백(Beichte)인데, 이는 한 형제
가 다른 형제에게 자신의 죄를 고백하는 것이다.

공동체를 향한 돌파(Durchbruch)는 죄의 고백에서 발생한다. 죄는 인간
이 혼자 있기를 원한다. 죄는 인간을 공동체에서 빼앗는다. 인간은 외
로워질수록 인간에 대한 죄의 능력이 더 파괴적인 것이 되고, 얽힘이
깊어질수록 외로움은 더 절망적이 된다. 죄는 발각되지 않기를 원한다.
죄는 빛을 피한다. 무언의 어둠 속에서 죄는 인간의 모든 본질을 독살한
다. (DBW 5, 94)

그러나 다른 사람 앞에서 죄를 선언하면 죄는 그 힘을 잃는다. 자
신을 스스로 용서하는 대신에, 인간은 자신의 죄를 멈추는 첫 단계를

만든다. 동시에 본회퍼는 다음과 같이 강조한다. "혼자 있을 수 없는 경우 공동체를 경계해야 한다"(DBW 5, 65). 이것은 반대의 경우도 그대로 적용된다.

각각의 경우 모두 그 자체로 깊은 심연과 위험을 가지고 있다. '홀로 있음'(Alleinsein) 없는 공동체를 원하는 사람은 말과 감정의 공허함 속으로 빠져들고, 공동체 없는 '홀로 있음'을 추구하는 사람은 허영심, 자기 반감, 절망의 심연 안에서 멸망한다. (DBW 5, 66)

올바른 '홀로 있음'은 무엇보다도 성경 말씀을 듣기 전과 후의 침묵이 특징이다. 매일 명상하는 동안, 그 사람은 성서 본문이 그에게 개인적으로 말하는 것을 기다리는 방식으로, 자신을 성서 본문에 노출시켜야 한다. 이 시간 동안 그것은 명백히 자기 관찰이나 자기 성찰에 관한 것이 아니다. "자기 관찰을 위해 […] 명상하는 시간은 그리스도인의 삶만큼이나 짧은 시간이다"(DBW 5, 72). 명상 시간의 특별한 중점사항은 결국 중보기도(Fürbitte)이다.

그리스도교 공동체는 서로를 위한 지체들의 중보로 살아가거나 멸망한다. 그가 나에게 요청하는 모든 긴급함에도 불구하고, 나는 더 이상 내가 기도하는 형제를 판단하거나 미워할 수 없다. 매우 낯설고 참을 수 없었던 그의 얼굴은 중보기도 안에서, 그를 위해 그리스도가 죽으신 그 형제의 얼굴로, 은혜를 입은 죄인의 얼굴로 변모한다. (DBW 5, 73)

그날 하루의 사역을 하는 동안, 용기 있고 자유롭고 강해졌는지 여부를 판단하여 공동체가 옳았는지 홀로 있음이 옳았는지 알 수 있다.

고백교회의 위기

고백교회는 1938년 4월 20일 아돌프 히틀러의 생일을 맞아 구 프로이센 연합의 모든 목사들이 히틀러에게 충성을 맹세하도록 요청받았을 때 심각한 위기에 처했다. 베를린교회 사무처장에 의해, 목회직을 포함한 공무원직은 "총통, 국민, 제국에 대한 확고한 충성"을 가진 자들만이 계속 수행할 수 있다고 전해졌다. 요구되는 선서형식은 다음과 같다:

나는 맹세합니다. 나는 독일 제국과 민족의 총통인 아돌프 히틀러에게 충성하고 복종할 것이며, 법을 준수하고 나의 공무원직을 양심에 따라 성실하게 수행할 것입니다. 하나님께 맹세합니다! (Zitiert nach Bethge, 677)

맹세하지 않는 사람은 해고되어야 했다. 고백교회 내에서는 대항해야 하는 방법에 대한 합의가 없었다. 무조건 복종해야 한다는 것은 국가적 요구였는가, 아니면 반대해야만 했던 불법적인 교회 지도부의 교회적인 요구였는가? 베를린-슈테글리츠(Berlin-Steglitz)에서 열린 제6차 구 프로이센 연합 고백 회의의 이차 총회에서 선서는 국가 명령이기 때문에 수용해야 한다는 결정을 내렸다. 돌이켜 보면 목사들의 대다수가 이미 맹세를 했을 때, 많은 사람들에게 터무니없는 사실이 드러났다. 국가사회주의 지도부는 그것을 순전히 교회적인 문제로 간주했다.

교회에 정식직원으로 고용되지 않은 목사로서 본회퍼는 이 법령의 영향을 받지 않았다. 그러나 그는 분명한 입장을 취했다. "형제들에게 맹세를 하도록 지시함으로써, 총회는 개인의 양심의 자유에 대한 존중과 약자들을 위한 형제 사랑을 위반했습니다."

고백교회에서 야기된 분열은 인간적으로 돌이킬 수 없습니다. […] 저는 고백교회가 '지시'를 통해 스스로 맹세를 했던 죄책감이, 전권의 부족, 신앙고백의 기쁨의 부족, 믿음에 대한 용기의 부족, 열정적인 마음가짐의 부족의 결과로 비롯된 것이라고 봅니다. 그것은 오랫동안 우리 가운데 고통으로 느꼈던 것입니다. (DBW 15, 56)

고백교회에서 본회퍼의 위치는 이러한 비판과 유사한 비판으로 인해 점점 더 고립되었다. 본회퍼는 또한 이 위기 이후 다른 것들 중에서도 "교회 지도자를 임명하는 명령의 초안"을 통해 고백교회, 뷔템베르크(Württemberg)와 바이에른(Bayern)에 있는 '온전한'(intakten) 루터교의 교회들과 소위 중립자들 사이의 관계를 개선하려는 시도를 거부했다. 바르멘과 달렘에 대한 언급은 없었다. 여기서 하나님의 분명한 지시에 반하는 것이 논의되고 있었다. 맹세의 위기 이후 사람들이 말했다. "우리 교회 지도자들로부터 또 다른 영적인 말씀을 기대했습니다. 지금 우리에게 권고되는 것은 고백교회의 자기 포기입니다. 여기서 우리는 더 이상 따르지 않을 것입니다"(DBW 15, 67).

1938년 11월 9일, 유대인 회당들, 집들, 상점들이 '유대인 대박해의 밤'(Pogromnacht)에 파괴되었을 때, 본회퍼는 그의 성경 시편 74편 8절 하반절인 "이 땅에 있는 하나님의 모든 회당을 불살랐나이다"에 밑줄을 긋고 1938년 11월 1일이라는 날짜를 기록했다. 다음 구절인 9절, "우리의 표적은 보이지 아니하며 예언자도 더 이상 없으며 이런 일이 얼마나 오랠는지 우리 중에 아는 자도 없나이다"에는 밑줄과 느낌표가 있었다. 이것은 더 이상 그가 이러한 드라마와 같은 상황에서는 교회로부터 많은 것을 기대할 수 없다는 분명한 표현이었다.

고백교회의 태도가 더 불분명해진 이래로, 본회퍼는 지금 해야만 하는 일이 무엇인가에 대한 핑켄발데 출신들의 질문들로 인해 정기적으로 압박을 받았다. 본회퍼는 이전의 일관된 길을 유지하라고 조언했다. 1938년 11월에 형제들에게 보낸 "개인 편지"에서 그는 다음과 같이 썼다.

> 우리는 우리가 시작한 길이 올바른 것인지 몇 주마다 질문을 재검토할 때 특히 책임감 있게 행동하고 있다고 믿습니다. 이러한 '책임감의 점검'(verantwortliche Prüfung)이 항상 심각한 어려움이 발생할 때 시작된다는 것이 특히 놀랍습니다. 그런 다음 우리는 더 이상 '이 길에 대한 올바른 기쁨과 확신'을 갖고 있지 않다고 확신합니다. 더 심각한 것은 하

나님이 더 이상 예전의 명료한 말씀과 함께 우리와 함께하지 않는다고 확신하고, 우리가 근본적으로 신약성서가 '인내'와 '유혹을 참음' (Bewährung)이라고 부르는 것을 배회하도록 시도한다는 것입니다. 어쨌든 바울은 반대와 고통이 위협했을 때, 자신의 길의 올바름에 대해 곰곰이 생각하기 시작하지 않았고, 루터도 그랬습니다. 대신에 그들이 주님을 뒤따르고 공동체 안에 있는 것이 매우 확실하고 행복해졌습니다. 사랑하는 형제 여러분, 우리의 진정한 필요는 우리가 시작한 길에 대해 전혀 의심하지 않는 것이 아니라, 인내하면서 아래쪽에 머물면서 하는 우리의 거부입니다. (DBW 15, 81 f.)

한 핑켄발데 출신이 자기의 합법적임, 즉 독일 개신교(DEK) 총회로 돌아감을 알리고, 본회퍼에게 자기 결정에 대한 근거를 설명했을 때, 본회퍼는 적지 않은 충격을 받았다.

그것은 확실히 [저의 합법화를 위한] 상황의 변화에 한몫을 했습니다. 이는 많은 전직 DC[독일 그리스도인 연맹]이 오늘날 올바른 설교자이며, 교회 통치권(Kirchenregiment), 총회(Konsistorium)가 오늘날 폭군적인 것보다 이단적인 것이 덜하다는 사실로 이루어집니다. […] 마침내 저는 어쩌면 이 방식으로 구성된 교회(die verfaßte Kirche)를 포기해야만 할 것이라는 통찰을 얻었습니다. 왜냐하면 저의 사역은 BK(고백교회) 공동체의 영역 안에서만 가능했기 때문입니다. 그러나 저는 구성된 교회의 포기가 아직 요구되지는 않았지만, 오늘날 누가복음 13장 6

절 이하에서 적용되는 모든 기다림이 필요하다고 생각했습니다. 왜냐하면 저는 고백교회 영역에서만의 봉사가 아니라, 이러한 교회들 안에서 섬기고 그들을 보존하고 교화하도록 부름받았음을 알고 있기 때문입니다. […] 마침내 저는 '총회로 가는 길'이 반드시 부정하고 믿음 없는 행동일 필요는 없다는 것을 알아야만 했습니다. 이 몇 주 동안 나의 개인적인 협상은 […] 그것을 확인했습니다. 확실히 거기에 있는 사람들은 '결속'되어 있으며, 신학적으로 교회를 이끌 자격이 거의 없습니다. 그러나 그들은 합법화에서 내가 '믿음에 반하는' 또는 '진리에 반하는' 것으로 거부해야 할 어떤 것도 요구하지 않습니다. 그것이 사실이라면, 이 지점에서 총회에 대한 항의는 제게 모든 필연성을 잃게 합니다. 항의는 필연성을 가져야만 했습니다. 즉 제가 항의를 위해 목사직, 구성된 교회, 같은 믿음을 가진 많은 형제들과의 공동체 등을 포기해야만 하고 모든 고통을 감수해야만 하는 필연성 말입니다. […] 그래서 저는 […] 지금까지 지낸 고백교회의 길에 머물 가능성이 더 이상 없습니다. BK (고백교회)에 머물지 여부는 제 스스로 결정해야만 합니다. 핑켄발데의 형제애 안에서 그래야 하는지 그것은 나의 요청이고 당신에게 던지는 질문입니다. (Gerhard Krause, zitiert nach DBW 15, 153 f.)

본회퍼에게 대답은 분명했다. 1939년 1월 베를린-니콜라스제(Berlin-Nikolassee)에서 열린 구 프로이센 연합의 제7차 고백교회 총회의 결과는 마침내 국가교회 당국과의 협력에 대해 다시 분명히 반대하는 것이었다. 본회퍼가 보기에는 이 결과로 인해 고백교회의 상황이 잠시 개선되었다고 생각되었다. 본회퍼는 기쁨으로 반응했다. "모든 기대와는 달리, 하나님의 선하심이 최근에 우리에게 주신 새로운 시작은, 숨 막히는 압박에서 우리를 해방시켰습니다"(DBW 15, 146).

미국으로 탈출?

디트리히 본회퍼의 쌍둥이 여동생인 자비네(Sabine)는 1938년 9월 초 남편 게르하르트 라이프홀츠(Gerhard Leibholz)와 함께 우선 스위스로 갔다가 런던으로 망명했다. 다른 모든 "비아리안인들"처럼 라이프홀츠는 더욱 강력한 억압에 노출되었기 때문이다. 본회퍼는 1939년 3월 런던에 있는 가족을 방문하여 새로 결성된 세계교회협의회 사무총장인 빌렘 비서트 후프트(Willem Visser't Hooft)와 연락을 취했다. 두 사람 사이에는 신뢰 가득한 우정이 빠르게 발전했으며, 이는 본회퍼에게 다음 해에 특별한 의미의 정치적 공모로 이어지는 것이었다. 본회퍼는 또한 영국에서 5주 동안 머무는 동안 조지 벨(George Bell) 감독을 다시 만났는데, 한편으로는 최근 교회 발전에 대해 이야기하고 다른 한편으로는 그로부터 개인적인 조언을 받기 위함이었다. 사전에 본회퍼는 벨에게 편지를 썼다.

저는 잠시 동안 독일을 떠날 생각입니다. 주된 이유는 올해 내 나이의 (1906년생) 남자들이 소집될 일반 징병의무 때문입니다. 현재 상황에서 참전하는 것이 제 양심상 불가능할 것 같습니다. 다른 한편으로 고백교회는 이와 관련하여 특별한 입장을 취하지 않았으며 아마도 현재 상황을 고려할 때에도 그렇게 할 수 없을 것입니다. 그래서 제가 이 시점에서, 정부가 우리 교회의 적대감을 국가에 반하는 전형적인 것으로 간주할 수 있는 것에, 반대한다면 나는 형제들에게 엄청난 해를 끼칠 수 있을 것입니다. 아마도 가장 좋지 않은 이유는 무엇보다도 제가 맹세해야 할 군사 서약일 것입니다. [···] 현재로서는 제가 '지금 여기에서' 무기를 든다면 저의 기독교 신념에 폭력을 가해야 할 것입니다. (Übers. aus dem Englischen, DBW 15, 625).

벨과의 대화 후 본회퍼는 뉴욕 출신의 당시 교수였던 라인홀드 니버(Reinhold Niebuhr)를 만났다. 그는 즉시 폴 레만(Paul Lehmann)과 뉴욕에 있는 연방교회협의회의 에큐메니칼 서기였던 헨리 스미스 라이퍼(Henry Smith Leiper)와 본회퍼를 미국으로 초대하기 위해 연락을 취했다. 이것은 그가 거기에서 어느 정도 교회와 학문적 교육으로 한동안 그곳에서 일했다는 면과 고백교회의 에큐메니칼적 교류를 위한 사역 때문에 이루어진 것이라고 볼 수 있다. 1939년 5월 23일, 본회퍼의 요청에 따라 그는 불법 수련목회자들 모임에서 휴직을 요청했다. 사역은 계속되어야 했지만 대신할만한 인물을 아직 결정하지 못한 시점이었다.

6월 2일 디트리히 본회퍼와 그의 형 칼-프리드리히는 런던을 경유하여 뉴욕으로 떠났다. 독일과의 작별은 그에게 쉽지 않았다. 영국 해협을 통과하는 동안 그는 베트게에게 다음과 같이 썼다. "여러분과 미래 사이에 관한 생각으로 가득합니다. 잘 지내십시오. 형제 모두에게 안부를 전해주십시오. 지금쯤 저녁기도회 시간이겠군요! 하나님은 여러분과 함께하십니다!"(DBW 15, 179).

그의 결정이 옳은 것인지에 대한 의심들은 본회퍼를 이미 도항(渡航) 중에 따라다니고 있었다. 그는 독일의 상황과 형제들의 상황에 대해 계속해서 생각했다. 미국으로 가는 여정 중에 그는 일기에 다음과 같이 기록했다.

> 오늘은 주일입니다. 그런데 예배를 드릴 수가 없습니다. 당신들의 예배에 참석할 수 없을 만큼 이미 시간이 너무 많이 흘러버렸습니다. 그러나 나는 그 어느 때 보다 오늘 당신들과 온전히 함께합니다. 자신의 길에 대한 의구심이 극복되었다면. 깊이를 알 수 없는 자신의 마음속 깊이를 추구하기—"진정으로 그분은 우리 마음속 깊이까지 알고 계신다."—한탄들과 변명들, 욕망들, 두려움들의 혼란이 우리 안에 있는 모든 것을 불투명하게 만들 때, 그분은 바닥까지 모든 것을 명확하게 보십니다. 그러나 그곳에서 그분은 자신이 새긴 이름인 '예수 그리스도'를 발견하십니다. (DBW 15, 219)

미국에 도착했을 때, 본회퍼는 미국에서 의미 있는 일들에 대해 많은 대화를 나눴다. 여름 수업과 강연들이 가능해졌다. 라이퍼(Leiper)는 그에게 독일 난민을 돌보는 일을 제안했는데, 본회퍼가 그 일을 맡았다면 단시일 내에 독일로의 귀국이 당연히 불가능했을지도 모른다.

전쟁의 위협과 독일에 대한 우려는 그를 거의 갈기갈기 찢어 놓았다.

일본에서 나온 놀라운 정치 뉴스 만약 지금 불안해지면 반드시 독일로 갈 것입니다. 나는 타국에서 홀로 있을 수 없습니다. 나에게 매우 분명합니다. 나는 결국 그곳(독일)에서 살 것입니다. (DBW 15, 224)

6월 20일 라이퍼와의 대화에서 본회퍼는 스스로 결론을 내렸다. 본회퍼는 라이퍼를 방문했다:

그것과 관련해서 결정이 내려졌습니다. 저는 거절했습니다. 사람들은 눈에 띄게 실망했고 어느 정도 기분이 상했습니다. 그것은 내가 지금 볼 수 있는 것보다 더 많은 것을 의미합니다. 오직 하나님만이 그것을 아십니다. (DBW 15, 228)

그리고 본회퍼는 라인홀드 니버(Reinhold Niebuhr)에게 이와 관련하여 나중에 편지를 썼다:

저는 이제 제가 미국에 온 것이 실수라고 확신합니다. 저는 독일의 그리스도인들과 함께 우리 민족사의 어려운 시대를 버텨내야 합니다. 이 시대의 시련을 국민들과 공유하지 않으면 전쟁 후 독일의 그리스도교적 삶을 원상 복구시키는 데 협력하기 위한 권리가 없습니다. 고백교회 총회의 나의 형제들은 제가 떠나가기를 원했습니다. 아마도 그

사진 8: 디트리히 본회퍼와 그의 쌍둥이 여동생 자비네 라이프홀츠, 미국에서 귀국 중
런던에서, 1939년 7월

들은 나에게 그렇게 하도록 촉구하는 것이 옳았을 것입니다. 그러나
떠나는 것은 나에게 잘못되었습니다. 모든 인간은 자신을 위해 스스
로 그와 같은 결정을 내려야 합니다. 독일의 그리스도교인들은 그리스
도교 문명이 생존할 수 있도록 자국의 패배를 원하거나 우리의 문명을
파괴하기 위해 자국의 승리를 원하는 끔찍한 양자택일의 상황에 직면
하게 될 것입니다. 나는 둘 중 어느 것을 선택해야만 할지 압니다. 하지만
저는 선택을 할 수 없습니다. […] 확실하게는 […]. (Übers. aus dem
Englischen, DBW 15, 644)

7월 7일 디트리히 본회퍼는 동생과 함께 런던을 거쳐 독일로 돌아
왔다. 도착 후 그는 즉시 힌터폼메른(Hinterpommern)으로 돌아와 수련

목회자 모임에서 사역을 다시 시작했다. 본회퍼는 1940년 3월 18일 게슈타포에 의해 폐쇄될 때까지 지구어드스호프(Sigurdshof)에서 수련 목회자 모임을 위한 과정을 열었다. 반년 전, 본회퍼가 독일로 돌아온 지 불과 몇 주 후인 1939년 9월 1일 히틀러가 폴란드를 침공하면서 제2차 세계대전이 시작되었다.

9 장

공모의 시기
(1 9 4 0 ~ 1 9 4 3 년)

체제전복 준비

본회퍼는 미국으로 여행하기 전 이미, 자형(姊兄)인 한스 폰 도나니 (Hans von Dohnanyi) 변호사를 통해 본회퍼는 빌헬름 카나리스(Wilhelm Canaris) 제독과 한스 오스터(Hans Oster) 대령의 지휘 아래 있는 국방 최고 사령부의 군사 비밀 기관인 해외 방첩대(Amt Ausland/ Abwehr)에서 히틀러 체제를 전복시킬 계획을 들었다. 도나니는 1939년 8월 25일부터 정치국에서 근무했다. 그의 중재를 통해 본회퍼는 체제전복 계획에도 참여하기 시작했다. 그는 뮌헨의 국방 방첩대에 배치되었다. 공식적으로 본회퍼의 에큐메니칼 접촉은 군사적 비밀 임무가 외국에 대한 정보를 얻는 데 매우 유용할 수 있다고 주장되었다. 이로 인해 본회퍼는 없어서는 안 되는 존재(unabkömmlich)가 되었고, 그 결과로 군사 징집 면제를 받았다. 그러나 본회퍼의 실제적 활동은 다른 방향으로 진행되었다. 그는 독일에서 체제전복을 준비하는 것에 대해 외국인들, 더 정확하게는 에큐메니칼 사역에서 신뢰할 수 있는 외국인들에게 알리는 역할을 하였다. 방첩대의 법무 직원이었던 요세프 뮐러(Josef Müller)도 바티칸에서 동일한 임무를 수행했다. 독일 전후 규정에 대한 적절한 설명과 더불어, 독일에서 심각한 저항이 있었다는 것을 알게 하는 것은, 히틀러를 성공적으로 제거할 경우에, 외국이 독일을 완전히 파괴하지 않도록 움직여 주었으면 하는 목적 때문이었다.

본회퍼는 이듬해에 이 목적을 위해 방첩대에서 일했던 헬무트 제임스 그라프 폰 몰트케(Helmuth James Graf von Moltke)와 함께 세 번이나 스위스로 출장을 갔었고, 노르웨이, 스웨덴, 이탈리아도 다녀왔다. 그는 교회의 여러 사람들과 함께 체제 전복 계획을 포함한 정치적 상황뿐만 아니라 전쟁과 전후 재건 과정에서 교회의 과제에 대해 논의했다. 본회퍼는 그 외에도 취리히의 칼 바르트, 제네바의 빌렘 비서트 후프트(Willem Visser't Hooft), 스웨덴 시그투나(Sigtuna)의 조지 벨(George Bell), 노르웨이에 있는 교회 저항가의 대표자들과 만났다. 본회퍼는 벡(Beck) 대령의 명령으로 벨(Bell)에게 공모(共謀)에서 가장 중요한 참가자의 이름을 알렸다. 카나리스와 오스터 주위의 저항그룹은 독일이 체제전복 후에 군사적으로 초토와 되지 않을 것이라는 연합군의 표시, 즉 지금까지 유보적인 독일군이 함께하기를 원해서 움직일 수 있었다는 징표를 원했다. 그러나 기대했던 연대의 징표로 영국과 성사시키려는 벨의 노력은 성공하지 못했다. 연합군이 독일의 반대편을 통해 더 믿을만한 증거를 기다리고 있었기 때문이다.

본회퍼는 외국 대담자들의 오해들과 당황스러운 일들을 피할 수 없었다. 많은 사람들이 고백교회의 한 사람인 그가 갑자기 비밀공작(Geheimdienst)을 위해 일하고 국가 사회주의자의 허가를 받아 해외여행을 할 수 있게 된 이유를 궁금해했기 때문이었다. 1942년 5월 본회퍼는 칼 바르트도 이와 관련하여 노여워했다는 소문을 들었다. 본회퍼는 이 소식에 완전히 당황했다. 그는 바르트에게 다음과 같이 썼다.

개인의 신뢰에 기반을 두어야 할 때 불신이 생기면 모든 것이 끝장날 수 있습니다. 이 불신의 저주가 점차 우리 모두에게 영향을 미치고 있음을 알 수 있지만 처음으로 개인적으로 접하게 되니 참기가 힘이 듭니다. (DBW 16, 268)

바르트의 비서인 샬로테 폰 키르쉬바움(Charlotte von Kirschbaum)은 즉시 바르트를 대신하여 본회퍼를 안심시켰다. "칼 바르트는 단 한 순간도 당신을 불신한 적이 없습니다"(DBW 16, 270). 이 장면은 오랜 우정조차도 어려운 정치적 상황으로 인해 얼마나 많은 부담을 주는지를 보여준다.

1941년 10월 베를린에서 유대인들이 최초로 추방되었을 때, 해외 방첩대는 강제 수용소로 추방될 소수의 사람들(비아리아인-기독교인 11명과 비종교인 3명)을 돕기 위해 노력했다. 그들은 방첩대의 허위 정보원들(V-Leute)로써 이른바 '작전-7'(Unternemen Sieben)을 통해 그들을 안전한 스위스로 데려왔다. 본회퍼는 개인적으로 협조하지 않았지만, 구조된 사람들 중에 한 명이었던 고백교회의 중요한 직원이었던 샬로테 프리덴탈(Charlotte Friedenthal)을 염려했었다. 이 조치는 구금중인 본회퍼의 심문에서 중요한 역할을 했다. 또한 본회퍼와 변호사 프리드리히 페렐스는(Friedrich Perels)는 유대인 시민의 대량 추방에 관한 문서를 함께 작성하여, 이것을 반체체 군인사(oppositionelle Militärs)들에게 전달하기 위해 도나니를 보냈다.

본회퍼는 전쟁이 끝난 후 독일이 어떻게 재건되고 형성되어야 하는지, 그리고 교회가 이 일에서 어떤 역할을 할 수 있는지에 대한 질문을 개인적으로 다루었다. 정치적 저항에 연루된 많은 사람들과 마찬가지로 그는 바이마르 공화국을 경험한 후 민주주의보다는 하나님께서 국가에 맡겨주신 명령(Auftrag)에 기반한 강력한 정부를 원했다.

> 어떠한 국가형태도 그러한 것으로서 국가의 공직의 올바른 실행을 절대적으로 보장하지 않는다. 오직 하나님의 명령에 따라 구체적으로 순종하는 것만이 국가형태를 정당화 할 수 있다. […] 그와 같은 국가형태는 비교적 가장 좋은 국가형태일 수 있는데, 정부가 위로부터, 그 안에서 신성한 근원을 가장 밝게 비추시는 하나님으로부터 수립된다라는 것이 가장 분명해질 것이다. (DBW 16, 534)

본회퍼는 성공적인 체제전복 후 공표되어야 하는 설교단의 공지를 설계했다. 그것은 죄, 회개 및 죄 고백, 용서 및 갱신에 관한 것이었다.

1942년에 본회퍼는 전쟁 후 독일의 재조직을 제안한 프라이부르크 지구(地區, Freiburg Kreis)에 의해 작성된 프라이부르크 백서(Freiburg Denkschrift)에 대한 추진을 제공했다. 또한 그는 내용에 대해 몇 가지 제안을 했지만 정교화에는 관여하지 않았다. 1944년 9월 8일 이 지구의 핵심적인 인물 중 한 명이었던 콘스탄틴 폰 디체(Constantin von Dietze)가 체포되어 독일 개편 제안을 통한 쿠데타 준비(Putschvorbereitung) 혐의로 기소되었을 때 본회퍼는 백서의 발의자로 지목되었다.

『윤리학』

『윤리학』(Ethik)의 일부 개념은 1940년에 출판된 본회퍼의 작은 책 『성서의 기도서. 시편 입문』(Das Gebetbuch der Bibel)에 들어가 있다. 이 책 안에서 본회퍼는 시편을 예수 그리스도의 시편으로 보았다. 궁극적으로 그 시편들은 예수 그리스도의 기도들이며, 그렇기에 그리스도인들의 기도들이기도 하다.

누가 시편을 기도합니까? 다윗이 […] 기도하고, 그리스도가 기도하고, 우리가 기도합니다. […] 다윗, 그리스도, 교회, 나 자신—그리고 우리가 이 모든 것을 함께 유념하는 곳에서, 우리는 하나님께서 우리에게 기도하도록 가르치기 위해 걷고 계신 경이로운 길을 인식합니다. (DBW 5, 112)

본회퍼에게 이 가장 심오한 유대적 본문은 "가장 진정한 의미에서 예수 그리스도의 기도서"였다(DBW 5, 39). 그는 구약과 유대교의 배제에 대해 명백히 반대했다. 1941년 3월 19일, 그는 "작가로서 어떤 활동도 금지"되었다(DBW 16, 171). 1940년 8월 22일, 그는 이미 "그의 민족을 타락시키는(volkszersetzen) 활동"을 한다는 이유로, 제국 전역에서 연설하는 것이 금지되었었다(DBW 16, 58). 또한 본회퍼는 힌터폼메른 슐라베(Schlawe)에 있는 경찰서에 정기적으로 신고해야 했으며, 이로 인해 그의 이동이 심각하게 제한되었다.

저술 금지에도 불구하고 본회퍼는 신학적으로, 특히 윤리학에 대해 집필했다. 그는 전쟁이 끝난 후 이 시대를 위한 윤리학을 출판하고 싶었던 원고를 계속해서 적어나갔다. 1940년 11월부터 1941년 2월까지 그는 이 일을 집중적으로 수행하기 위해 에탈 베네딕도회 수도원(Benediktiner- kloster Ettal)에 은둔해 있었다. 그러나 1943년 4월 5일 체포되었기 때문에 그는 더 이상 그 원고를 완성할 수 없었다.

그의 새로운 윤리학-원고는 본회퍼에게 대단히 중요했다. 그는 감옥에서 베트게에게 편지를 썼다. "[…] 때로는 내 삶이 다소 뒤처져 있다고 생각하기에, 나의 윤리학 원고 집필을 끝내야 할 것 같네"(DBW 8, 237).

베트게는 본회퍼가 체포되었을 때 책상에 있던 원고를 숨기고 있었다. 본회퍼가 사망한 후 그는 원고의 파편들을 정리하여 1949년에 출판했다. (베트게가 출판한 윤리학의 원래 배열은 불가능한 것으로 입증되었지만, 본회퍼 전집(Dietrich Bonhoeffer Werke)에서 집필된 순서로 재배열 되었다.) 그러나 이 책은 본회퍼의 옥중서신이 출판된 후에야 주목을 받았다.

그의 윤리학 원고에서 본회퍼는 기독교 윤리를 새롭게 확립하기를 원한다. 그에게 기독교 윤리는 예수 그리스도 안에서 하나님과 인간 사이에 이미 일어난 화해에서 출발한다. 여기에서부터 그것은 하나님과 세상에 대한 이해를 얻는다. 하나님과 세계는 별개의 두 현실이 아니다.

예수 그리스도 안에서 하나님의 현실은 이 세상의 현실로 들어왔다(In Jesus Christus ist die Wirklichkeit Gottes in die Wirklichkeit dieser Welt eingegangen.). [⋯] 그리스도 안에서 우리는 하나님의 현실과 세상의 현실에 동시에 참여할 수 있는 제안을 받는다. 한쪽은 다른 한쪽이 없이 성립되지 않는다. 하나님의 현실은 나를 완전히 세상의 현실과 연관시키지 않고서(hineinstellt) 다른 방법으로는 열리지 않는다. 그러나 나는 항상 하나님의 현실 안에서 이미 운반되고, 수용되고, 화해된 것으로서의 세상의 현실을 발견한다. (DBW 6, 39 f.)

기독교 윤리는 예수 그리스도 안에서 하나님과 세상이 일치되는 것에서부터 시작되어야 한다. 그 일치는 무엇보다 먼저 그리스도인이 더 이상 영원한 갈등의 사람이 아니라는 것을 의미한다. [⋯] 그의 세상성은 그를 그리스도로부터 분리시키지 않으며, 그의 기독성은 그를 세상으로부터 분리하지 않는다. 그는 전적으로 그리스도에게 속한 채로 동시에 세상에 서 있다. (DBW 6, 48)

그것은 또한 윤리학이 "오랫동안 우리와 우리의 세계를 포함해온 그리스도 안에 있는 현실이 어떻게 현재하는 것으로 작용하는지혹은 그 안에서 어떻게 살아가야 하는지"에 관해 질문하는 것을 의미한다(DBW 6, 40). 본회퍼는 예수 그리스도에 대한 집중을 좁혀진 것으로 인식하는 것이 아니라 "우리가 그리스도를 우리 주로 인식하고 고백하는 것을 더 전유(專有)할수록, 그의 지배영역의 광대함이 우리에게 더 많이 드러난다"(DBW 6, 347).

『윤리학』에서 본회퍼가 특히 중요하게 다룬 것은 책임의 범주이다. 그것은 인간의 행동이 일반적인 원칙에 기초해서는 안 되며 매번 구체적인 상황에 맞춰져야 한다는 그의 초기에 이미 명백하게 제시했던 논증과 관련이 있다. 본회퍼가 암시하는 바는 명확하다. 본회퍼의 논증에 따르면 이성, 양심, 의무 또는 미덕과 같은 전통적인 윤리적 용어는, 선한 것으로서의 악, 도움이 될 만한 것으로서의 악, 필요한 것으로서의 악, 정당한 것으로서의 악이 나타나는 식의, '악의 변장의 상황 속에서는'(in der Situation der Maskerade des Bösen) 특히 아무것도 더 이상 이행할 수 없다. 이성을 추구하는 사람은, 악의 심연을 이해할 수 없다. 양심이 결정적인 권한을 가진 사람은 내리는 결정의 복잡성에 압도당한다. 그러한 자는 둘 중 어느 누구도 선한 양심을 소유할 수 없을 것이다. 주요 범주로서의 의무는 위험할 뿐이다. "결국 의무적인 사람은 악마의.맞은편에서 자신의 의무를 다해야 한다"(DBW 6, 65). 그리고 개인적인 미덕이 매우 높은 사람들은, 한 미덕에 따라 행동하는 것이 항상 다른 미덕과 갈등으로 이어지는 포괄적인 불의의 상황에서 사생활로 돌아갈 수 있을 것이다.

본회퍼는 1942에서 1943년으로 해가 바뀔 무렵, 공모자 동료들에게 보내는 글에서 이러한 아이디어를 다시 채택하고 누가 실제로 악의 변장을 견딜 수 있는지에 대한 질문으로 마무리한다.

> 누가 견디겠는가? 자신의 이성, 자신의 원칙, 자신의 양심이 아니라, […] 궁극적인 척도가 자신의 미덕에 있는 사람이 아니라, 믿음 안에서 그리고 하나님과의 유일한 연합 안에서, 순종하고 책임감 있는 행동을 하도록 부름을 받았을 때 이 모든 것을 희생할 준비가 되어 있는 사람, 그의 삶이 하나님의 질문과 부르심에 대한 대답일 뿐인 책임 있는 사람(der Verantwortliche)이다. 이러한 책임 있는 사람들은 어디에 있는가?"
> (DBW 8, 23)

본회퍼가 그의 윤리학에서 최근의 정치적 상황과 폭력적 저항에 대한 그의 참여가 무언인 상태로 표면에 나서지 못하는 것과, 살인이 허용되는 상황, 즉 다섯째 계명에 위배되는 상황이 주어졌는데도 이러한 주제를 다루지 않았다는 것은 놀랄만한 일이다. 그렇게 함으로써, 히틀러를 살해하는 것이 윤리적으로 문제가 없는 것처럼 분류된 듯했다. 대신에 공모자들에게 가장 시급한 모순에 대한 본회퍼의 대답은 다음과 같다. "책임 있는 자의 자유"(die Freiheit des Verantwortlichen)에 호소하여 자신의 행동을 통해 하나님의 법을 위반하여 의식적으로 유죄가 되는 "비범한 상황"(außerordentliche Situation)이 있다. 그러한 행동은 하나님의 용서에 대한 믿음으로만 가능하다.

이 비범한 긴급성은 책임 있는 자의 자유를 호소한다. 여기에서 책임
있는 자 뒤에서 엄폐물을 찾을 수 있는 율법은 없다. 마찬가지로, 그러
한 긴급성에 직면하여 책임 있는 사람이 이런저런 결정을 내리도록 강
요할 수 있는 율법은 없다. 더욱이 이러한 상황을 고려하여, 여기에서
'자유로운 대담한 행위'(in freiem Wagnis)로 결정해야만 한다는 지식과
결부되어, 여기에서 율법이 훼손되고 위반되고 있다는 공개적인 인정
과 결부되어, [⋯] 이러한 위반 안에서 율법의 인정된 타당성과 결부되
어 모든 율법의 완전한 포기만이 있다. (DBW 6, 274)

완전히 유사하게, 인간이 율법에 순종, 즉 살인하지 말라는 하나
님의 계명에 순종하는지, 아니면 반대 결정을 내리는지 여기에서 어
떻게 결정하든 간에,

어쨌든 인간은 죄를 지으며 어쨌든 인간은 오직 하나님의 은혜와 하나
님의 용서로부터 살아갈 수 있다. (DBW 6, 275)

본회퍼의 윤리학에는 두 가지 추가 고려 사항이 중요하다. 즉 궁극
적인 것과 궁극 이전의 것(letzten und den vorletzten Dingen) 사이의 구별과
네 가지 위임들(Mandaten)의 주장이다.
마르틴 루터(Martin Luther)에 이어 본회퍼는 하나님께서 이 세상에

세우신 네 가지 명령을 명명했다. 이를 통해 그는 세계 현실을 구조화하고 그리스도를 지향하는 그들의 보존을 보장하는 네 가지 신성한 위임을 고안했다. 첫째로 노동(또는 문화), 둘째로 결혼과 가족, 셋째로 정부 그리고 넷째로 교회이다. 본회퍼에 따르면 인간들은 이러한 위임에 따라 살아야만 한다. 그것들은 모두 그리스도를 추구함으로써 그것들의 내용적인 특성을 갖게 된다. 흥미로운 점은, 본회퍼에 의하면, 정부의 실행들은 결혼생활와 노동을 보호해야만 하지만 그렇지 않다면 —역사적인 관계는 분명하다—, 그들을 위한 지침을 만들어서는 안 된다. 어떠한 위임도 독립적으로 놓여서는 안 된다. 오직 "서로 함께(Miteinander), 서로를 위하여(Füreinander), 서로 대등하게(Gegeneinander) 존재할 때"(DBW6, 397) 위임들은 그들의 기능을 완성한다.

본회퍼의 궁극 이전의 것과 궁극적인 것의 구분은 인간의 자유로운 행위를 위한 일종의 중요한 차별화로 인도한다. 궁극적인 것은 죄인에 대한 하나님의 자비이다. 인간이 어느 누구도 선한 행동을 통해 자비를 강요 할 수 없으며, 인간이 행한 후에도 여전히 선물로 머물러 있다. 인간은 하나님의 자비를 희망할 수 있지만, 측량할 수는 없다. 궁극 이전의 것은 궁극적인 것 때문에 자신의 의미가 있다. 그것은 하나님의 자비를 필요로 하는 것이다. 윤리적 행동은 궁극 이전의 영역에서 이루어지지만 궁극적인 관점에서 볼 수 있다. 왜냐하면, 궁극적인 것 때문에 궁극 이전의 것은 보존되어야 하고, 형성되어야만 하기 때문이다. 궁극 이전의 것에서의 윤리적 행동은 결코 궁극적인 현실을 구성하는 것을 의미해서는 안 되며, 궁극 이전의 것은 궁극적인

것 때문에 경시되어서도 안 된다.

굶주린 사람들은 빵을, 노숙자들은 주거지를, 권리를 박탈당한 자들은
법을, 외로운 이들은 공동체를, 무질서한 자들은 질서를, 노예들은 자
유를 필요로 한다. 굶주린 사람들을 굶주린 채로 두는 것은 하나님과
이웃에 대한 모독이다. 왜냐하면 하나님은 가장 어려운 상황 옆에 가장
가까이 계시기 때문이다. 나에게처럼 굶주린 자들에게 속해 있으신 그
리스도의 사랑으로 인해 우리는 그들과 더불어 빵을 나누고, 주거지를
공유한다. […] 그것은 바로 여기에서 일어나는 무엇인가 궁극 이전의
것이다. 굶주린 사람에게 빵을 준다는 것은, 그에게 아직 하나님의 은
혜와 칭의를 선포하는 것을 의미하지 않으며, 빵을 받았다고 해서 믿음
안에서 서 있는 것을 의미하지 않는다. 그러나 궁극적인 것 때문에 그것

을 행하는 사람들을 위해, 이러한 궁극 이전의 것은 궁극적인 것과의 관련 안에서 있다. 그것은 궁극—이전의 것이다. 은혜의 진입은 궁극적인 것이다. (DBW 6, 155 f.)

사랑스러운 여인 폰 베데마이어

1925년 이후 디트리히 본회퍼는 베를린의 먼 여자 사촌과 친한 친구 사이로 지냈다. 1933년 그녀와 헤어진 후 1937년 형제의 집 (Bruderhaus)이 끝날 때까지 본회퍼는 더 이상 여성과는 의심할 여지없이 교회 투쟁 상황에서 안심이 될 만한 긴밀한 관계를 갖지 못했다. 왜냐하면 그는 두려움 없이, 그의 행동으로 여성이나 아이들에게 상처를 입힘 없이, 가족의 유대로부터 자유롭게, 온전히 이러한 과제에 몸 바칠 수 있었기 때문이다. 이것이 그가 형제의 집의 다른 남자들에게 추천했던 삶의 방식이었다.

그러나 1942년, 개인적 전환점을 맞이하는 결정적인 일이 발생했다. 루트 폰 클라이스트-레트초프(Ruth von Kleist-Retzow)의 손녀 마리아 폰 베데마이어(Maria von Wedemeyer)가 그에게 지금까지와는 다르게 다가왔다. 변호사이자 장교인 한스 폰 베데마이어(Hans von Wedemeyer)와 루트 폰 클라이스트-레트초프와 같은 이름을 가진 그녀의 딸 루트의 딸인 마리아 폰 베데마이어는 처음에 노이마르크(Neumark)에 있는 가족 소유였던 팽지히(Pätzig)에서 6명의 남매들과 함께 자랐고, 튀링엔 (Thüringen)과 바덴(Baden)의 기숙학교에 다녔다. 마리아 폰 베데마이어와 본회퍼는 그녀의 할머니를 통해 일찍부터 알고 지냈었다. 본회퍼는 1938년 마리아 폰 베데마이어의 형제인 막스에게 견진례를 주었다. 본회퍼가 스웨덴에서 돌아왔던 1942년 6월 그들은 클라인-크뢰씬(Klein-Krössin)에서 재회했다. 마리아 폰 베데마이어는 후에 이 만남에 대해 다음과 같이 말했다:

나는 고등학교를 막 졸업하고 알텐부르크 여학교(Altenburg Stift)에서 의무 학년을 시작하기 전에 몇 차례 가족 방문을 했다. 무엇보다도 여기에는 항상 특별히 친밀한 관계를 유지해 온 할머니를 방문하는 것이 포함되었다. […] 나는 일주일 동안 거기에 있었고, 그 유명한 본회퍼 목사님이 방문하셨을 때, 어느 정도 불쾌한 마음이 없지 않았다. 그러나 그것은 우리 세 사람이 서로 매우 잘 어울리도록 매우 빠르게 발전했다. 두 사람의 대화는 내가 무슨 일이 일어나고 있는지 이해한다고 생각할 수 있을 뿐만 아니라 발언을 하도록 매우 고무된 방식으로 진행되었다. 나도 무엇을 하긴 했다. 나는 할머니와 대화할 때 버릇없는 어조로 대화했고, 할머니께서는 오히려 그것을 재미있어 하셨는데, 디트리히가 나타나도 그대로 유지되는 것은 신경이 쓰였다. 우리는 미래에 대한 계획에 대해 이야기했다. 할머니가 어리석은 말도 안 된다고 선언하신 나의 수학 공부 계획은, 그러나 아마도 그 이유 때문에 디트리히에게는 진지하게 받아들여졌던 것 같다. 우리는 정원을 산책했다. 그는 그가 미국에 가 본 적이 있다고 말했고, 우리는 내가 그곳에 가 본 사람을 한 번도 만나 본 적이 없다는 사실에 놀랐다." (Brautbriefe, 271 f.)

연령 차이가 큼에도 불구하고—그는 36세, 그녀는 18세— 본회퍼는 그녀와 사랑에 빠졌다. 그들은 나중에 여러 차례 서로 다른 기회에 다시 만나게 되었다. 마리아 폰 베데마이어의 아버지 한스(Hans)는 1942년 8월에 사망했고, 그녀의 오빠였던 막스(Max)는 10월 러시아에서 사망했다. 본회퍼는 막스 폰 베데마이어(Max von Wedemeyer)의 죽음 이후 마리아 폰 베데마이어에게 다음과 같이 썼다.

사랑하는 폰 베데마이어양! 이 말씀만 드리고 싶습니다. 막스의 죽음이 당신에게 어떤 의미인지에 대해 조금 알고 있습니다. 제가 이 고통에 동참한다고 말해도 별로 도움이 되지 않을 것입니다. 그러한 시기에 우리는 말로가 아니라 진정으로 온전히 우리 마음속의 하나님께 자신을 던져야만 도움을 받을 수 있습니다. 그 비용은 하루하루 힘겨운 시간들입니다. 그러나 우리가 완전히 그분에게 우리 자신을 내어 드릴 때, 더욱이, 그가 우리를 받아들였을 때—우리는 도움을 받게 됩니다.
(Dietrich Bonhoeffer Jahrbuch 2, 15)

서로를 더 가깝게 알아 가기가 어려워졌다. 본회퍼는 곧 마리아 폰 베데마이어에게 그가 그녀에 대해 어떻게 느꼈는지 암시하는 듯한 말을 했다. 할머니는 시작되는 관계를 지원하고 싶었지만, 어머니는 아버지와 형제의 죽음으로 괴로워하던 딸을 걱정했고, 나이 차이가 너무 크다는 것을 알게 되었다. 1942년 11월 중순, 그녀는 본회퍼에게 약혼과 결혼이 광범위한 결정이었기 때문에 1년 동안 딸과 연락을

끊도록 요청했다. 그러나 1943년 1월에 이미 마리아 폰 베데마이어는 어머니에게 디트리히 본회퍼와 결혼하기로 결정했다고 알렸다. 어머니는 계속 기다릴 것을 고집했지만, 편지는 허용했다. 1943년 1월 13일 마리아 폰 베데마이어는 본회퍼에게 그와 결혼하고 싶다고 편지를 보냈다. 본회퍼는 이루 말할 수 없이 기뻤다.

그리고 저는 지난 몇 주 동안 제 마음속에서 자주 했던 것 이상으로 말할 수 없습니다. —저는 당신을 마치 한 남자가 숙녀를 부르듯이 그렇게 부르고 싶습니다. 한 남자가 자신이 원하는 소녀에게 함께 인생을 살아가자고 했고 그래서 그녀는 그에게 '예'라고 대답했다고 말입니다. 사랑하는 마리아, 당신이 저를 위해 참아 온 모든 것과 저를 위해 되고 싶다고 했던 모든 말씀에 대해 감사드립니다. 이제 서로를 위해 기뻐하고 앞으로도 계속해서 기뻐합시다. 당신은 내적 검증을 위해 시간과 휴식에 필요한 것을 가져야 합니다. 그것은 당신이 쓰셨던 것처럼, 온전히 당신을 위해 좋은 방법이어야 합니다. 당신만이 그것을 알고 있습니다. 당신의 '승낙'(Ja)으로 나는 이제 조용히 기다릴 수 있습니다. 이것이 없었다면 기다림은 어려웠고 점점 더 어려워졌을 것입니다. […] 나는 지난 몇 주 동안 —비록 고통이 전혀 없더라도— 당신이 나에게 예라고 말하기가 쉽지 않다는 것을 이해하고 항상 이해했습니다. 그리고 저는 그것을 잊지 않을 것입니다. 그리고 이것이 나에게 오직 용기만을 줄 수 있는, 나에게 스스로 더 이상 '아니'라고 말하지 않기 위한, 당신의 '예'입니다. (Brautbriefe, 279)

그 후 몇 달 동안 어머니의 요청으로 다시 만나지 못했다. 그들은 6개월간의 접촉 금지에 동의했다. 본회퍼는 1월 24일 자신의 위험한 정치활동을 배경으로 약혼자에게 편지를 썼다.

사랑하는 당신, 마리아에게, 지난 6개월 동안 침묵의 법칙을 적용했습니다. 그것은 당신의 소원이고, 저에 대한 당신의 첫째 소원이며, 나에게는 이 소원을 기꺼이 이행하는 당연한 것으로 저에게 주신 것입니다. 그러나 한 가지는 제가 말하고 싶습니다. 인간이 자신에게 부과하는 모든 법에는 한계와 위험이 있습니다. 즉 더 이상 실제와 자연을 보호하지 않고 위협합니다. 우리는 하나님께서 우리가 좋고 필요하다고 생각했던 우리의 계획, 생각, 삶의 형태를 부수셨을 때 지난 몇 년 동안 이것을 반복해서 배웠습니다. 하나님의 언어는 우리의 법보다 강해질 수 있습니다. 가까운 장래에, 우리의 개인적인 삶에도 그러한 기본적인 중요한 사건이 발생할 수 있으며, 적어도 편지를 통해 서로 이야기할 수 없다면 자연스럽지 않게, 강요된 것처럼 될 수 있습니다. (Brautbriefe, 280 f.)

그들은 감옥에서 다시 만났다.

10장
베를린 테겔 감옥 시절
(1943~1945년)

수감되다

1942년 이후 SS(Schutzstaffel, 나치 친위대)의 제국보안본부(Reichs-sicherheitshauptamt)는 외환부정사건(Devisenunregelmäßigkeiten) 때문에, 뮌헨의 방첩대(Abwehr) 지소(支所)를 감시하고 있었으며, 1942년 가을 뮌헨 출신 직원 2명을 체포했다. 디트리히 본회퍼와 그의 자형(姉兄) 한스 폰 도나니는 그들의 공모 활동들과 접촉 여부가 알려지지 않도록 예방 조치를 취했다. 1943년 이른 봄, 본회퍼는 해외여행에 대한 거짓 일기에 덧붙여 도나니에게 1940년 11월로 날짜를 기재하는 위장 편지를 썼다. 그는 방첩대에 "외국에 대한 신뢰할 수 있는 소식을 얻기 위해" 그의 해외 연줄을 제공했다.

여러 나라의 에큐메니칼 운동을 주도하는 정치인들이 관심을 갖고 있기 때문에, 실제로 에큐메니칼 관계에 관한 여정에서 그러한 인물들의 의견과 판단을 구하는 것이 어렵지 않아야 했기 때문입니다. (DBW 16, 385 f.)

제국보안본부는 오랫동안 군사 기밀 임무의 독립성에 시달렸고 그러한 독립성을 종식시키려 했다. 군법회의 주임법무관(Oberkriegsgerichtsrat)이었던 만프레드 뢰더(Manfred Roeder)는 추가 법률소송절차(Verfahren)를 담당했다.

1943년 4월 5일, 디트리히 본회퍼, 한스 폰 도나니, 그의 아내 크리스티네, 본회퍼의 여동생이 체포되었다. 한스 오스터(Hans Oster)는 가택 연금을 당했다. 한스 폰 도나니가 체포되었을 때 전후(戰後) 규정에 대한 실행(내용)이 포함된 메모가 압수되었으며, 본회퍼도 기소되었다.

본회퍼는 베를린 테겔(Berlin-Tegel)의 독일군 사령부 수사감옥(Unter- suchungsgefängnis)에 수감되었다. 그에게 투옥은 곧 "과거와 미래와의 분리"(DBW 8, 63)를 의미했다. 첫인상은 끔찍했다.

저는 첫날 밤 감방(Zugangszelle)에 갇혔습니다. 침대 위의 담요는 추위에도 불구하고 몸을 덮을 수 없을 정도로 끔찍한 냄새가 났습니다. 다음 날 아침 빵 한 조각을 감방에 던져서 바닥에서 집어 들어야만 했습니다. […] 외부에서 처음으로 내 감방에 죄수들의 거친 욕설이 쇄도했고, 그 이후로도 매일 아침부터 저녁까지 그 소리를 들어야만 했습니다. 다른

사진 10: 베를린 테겔의 군사 교도소 안뜰에서 이탈리아 공군 포로, 경비와 함께 있는 디트리히 본회퍼, 1944년 초여름

신입 죄수들과 정렬해야만 했을 때, 우리는 한 교도관에 의해 부랑자 (Strolche) 등으로 불렸습니다. […] 그 외에 12일 동안 단지 식량을 받고 감방에 있는 변기(Kübel)를 꺼내기 위해 감방 문을 열었습니다. 그 사이에 어떤 말도 오가지 않았습니다. 나는 구금 사유나 기간에 대한 정보 공유 없이 머물렀습니다. […] 12일 후 감옥에서 내 친척 관계가 알려지게 되었습니다. [본회퍼의 외삼촌인 파울 폰 하제(Paul von Hase)는 베를린시 사령관이었으며, 테겔 감옥을 담당했다.] 개인적으로는 큰 안도감이었지만, 그 순간부터 모든 것들을 변하게 한 방법이 누구에게든 부끄러워졌습니다. 나는 더 넓은 감방에 배치되었고, 이곳은 보급하사관 (Fourier)에 의해 매일 청소되었습니다. 음식을 배분할 때 더 큰 배급을 제공받았습니다. (그러나) 음식을 배급할 때 항상 거절했습니다. 왜냐하면 이로 인해 다른 동료 수감자들에게는 희생이 주어졌을 것이기 때문입니다. 교도소장은 나를 데리고 매일 산책하러 갔는데, 그 결과 간

수들이 최대한 예의를 갖추어 나를 대했고, 다수는 심지어 사과하기 위해 왔습니다. "그들은 알지 못했을 것입니다. 등등 […] 부끄럽습니다!" (DBW 8, 380-382)

이어지는 몇 달 동안 뢰더(Roeder)는 본회퍼와 한스 폰 도나니를 여러 번 심문했다. 도나니에게서 발견된 메모는 뢰더에 의해 우선 도나니의 반역을 분명하게 드러내는 것으로 간주되었다. 그리고 나서 "작전 7"(Unternehmen Sieben)이 눈에 들어왔다. 결론적으로 그것은 오스터와 도나니가 작성했었고, 이는 방위력 붕괴(Wehrkraftzersetzung)라는 혐의로 이어졌던, 본회퍼를 포함한 고백교회 목사들의 군사징집 면제(Unabkömmlichstellung)에 관한 것이었다.

다음으로 뢰더는 본회퍼가 해외 방첩대(Amt Ausland/Abwehr)에서 일을 시작한 시기에 대한 정보의 불일치를 발견했다. 본회퍼는 그의 고용 이전에 분명히 자신이 이미 군대의 일원이라고 슐라베(Schlawe)의 군사지구사령부(Wehrbezirkskommando)에 부당함을 호소했다. 따라서 6개월 후 즈음에 본회퍼에 대한 기소는 불법적으로 획득된 지위(해외 방첩대 직원)를 이용한 군사징집면제(uk-Stellung)와 방위력 붕괴(Wehrkraftzersetzung)가 혐의였다. 뢰더는 여전히 본회퍼와 도나니가 체제 전복에 관여한다는 사실에 대해 아무것도 알지 못했다.

뢰더의 심문 과정에서 본회퍼는 진행 중인 체제 전복 계획을 가능한 한 오랫동안 비밀로 하고 체제 전복과 그에 관련된 사람들을 배신하지 않아야 할 긴급한 상황에 직면했다. 그러나 그것은 심문 중에 거짓말하는 것을 의미했다. 본회퍼는 이 상황을 신학적으로 다루기 위해 "진실을 말한다는 것은 무엇을 의미하는가?"(Was heißt die Wahrheit sagen?)라는 제목의 단편 에세이를 썼다. 본회퍼에게 결정적인 것은 다음과 같은 것이었다.

'진실을 말하는 것'은 당신이 어디에 있느냐에 따라 무언가 다양한 것을 의미한다는 통찰이다. 진실을 말한다는 것은 그때그때의 관계들을 고려해야 한다. 어떤 사람이 어떠한 방식으로 다른 사람에게 진실한 말을 요구할 자격이 있는지 질문되어야 한다. (DBW 16, 620)

그렇게 함으로써 본회퍼는 항상 그리고 모든 상황에서 말하는 것이, 자기의 심중을 표현하기 위해 객관적인 사실을 가져오게 되는 원칙적인 의무를 부인한다. 예를 들어 다음과 같은 그림을 그려볼 수 있을 것이다. 교사는 모든 수업에서 아이에게 아버지가 항상 술에 취해 집에 오는 것이 맞는지 질문한다. 이것이 사실임에도 불구하고, 아이는 교사의 질문에 '아니오'라고 답한다.

단순히 교사의 질문을 부정함으로써, 그 대답은 진실이 아니지만 동시에 그 가족은 교사가 침입할 권한이 없는 특별한 규정(Ordnung sui generis)이라는 진실을 표현한다. 여기에서 사람들은 아이의 대답을 거짓말이라고 말할 수 있다. 그럼에도 이 거짓말은 더 많은 진실을 담고 있다. 다시 말해서 이 거짓말은 아이가 학교 수업에서 아버지의 약점을 드러낼 수 있었던 것보다 더 현실에 더 적합하다. [···] 거짓말의 죄책감은 오직 선생님에게만 되돌아간다. (DBW 16, 625)

본회퍼는 우연히 교사의 예를 선택하지 않았다. 더욱이 교사는 정부의 대표이다. 그러나 본회퍼는 그의 본문에서 이렇게 말한다: 그를 심문하는 만프레드 뢰더는 공모자의 진실을 들을 권리가 없다. 그의 질문들은 "거짓말"이다. 그래서 만약 본회퍼가 답변에서 사실을 숨긴다면, 그의 답변은 사실을 공개한 것보다 "더 많은" 진실을 포함한다.

본회퍼는 또한 감옥에 있는 동안 문학작품을 쓰기 시작했다. 그는 중산층 가정의 삶을 묘사한 드라마와 소설의 단편을 썼다. 그는 베트게에게 썼듯이, "우리 가족이 알고 있는 것, 특히 기독교적인 관점에서 알고 있는 시민계급의 명예회복"(DBW 8, 189)을 의도했다. 그는 개인과 가족의 영역에서 시민계급의 특별한 입장뿐만 아니라, 성공적인 공동체를 설립하는 데 대한 시민계급의 특별한 책임에도 관심이 있었다. 그는 특히 단순성과 침묵하는 능력과 같은 덕목을 강조했다. 오늘날의 관점에서 단편들의 스타일은 다소 구식이다. 그러나 본회퍼의 구상 안에서 자신의 경험이 어떻게 유입되고 자기 가족 중에 어떤 구성원이 —다른 이름으로— 등장하는지는 흥미롭다. 본회퍼 자신은 물론이고, 베트게와 폰 베데마이어 가족도 등장한다.

『저항과 복종』

거의 2년간 수감되어 있는 동안 본회퍼가 했던 일이, 가족들, 마리아 폰 베데마이어와 에버하르트 베트게와 주고받았던 서신 왕래라고 해도 과언이 아니다.

구금 초기에 본회퍼는 그의 가족에게만 편지를 보낼 수 있었고, 4개월이 채 안 되어 그의 약혼자에게도 편지를 보낼 수 있었다. 본회퍼는 부모님의 모든 걱정을 덜기 위해 노력했다. 이미 첫 편지에서 그는 부모님들을 안심시켰다. "무엇보다도 부모님들께서는 제가 잘 지낸다는 것을 아시고, 정말로 믿으셔야 합니다"(DBW 8, 43). 그는 부모님께 계속해서 감사를 표했다.

보통의 삶에서 사람은 자신이 주는 것보다 무한히 더 많이 받는 것을 종종 전혀 의식하지 않으며, 그 감사는 애초에 삶을 풍요롭게 만듭니다. 사람은 다른 사람을 통해서만 형성되었다고 하는 것에 비해 중요도를 따질 때, 자기 자신의 영향과 활동을 과대평가하기 쉽습니다. (DBW 8, 157 f.)

그는 또한 감옥의 일상에서 작은 기쁨에 대한 감사를 발전시킨다.

얼마 전에 새 한 마리가 여기 안뜰의 작은 창고에 열 마리의 새끼와 함께 둥지를 틀었습니다. 저는 매일 그것을 기뻐했습니다. 어느 날 잔혹한 녀석이 모든 것을 파괴했고, 몇 마리의 새들은 땅에 죽어 있었습니다.

— 납득이 되지 않았습니다. 작은 개미굴과 린든 보리수(Linden)의 벌들은 마당을 걷는 데 많은 즐거움을 줍니다. (DBW 8, 105)

부모님들께 보내는 편지는 본회퍼가 규율을 통해 새로운 상황에 빠르게 적응하려고 얼마나 노력하는지를 보여준다. 그는 감방에서 산책하기, 읽기, 저술하기를 위해 정해진 시간으로 정확한 일과를 만들었다. 감방에서 그는 성경, 신학책들 및 기타 학문 서적들뿐만 아니라 문학책들도 많이 읽었다. 편지에서 그는 가족에 대해 경험했던 것들을 공유하고, 본회퍼의 조카인 르나테 슐라이허(Renate Schleicher)와 에버하르트 베트게의 결혼식 설교를 썼으며, 수감자의 이름을 따서, 디트리히라고 이름을 지어준 아들을 위해 그의 세례일에 대한 생각도 썼다.

본회퍼는 결혼식 설교에서 교회에서 하는 혼인 예식을 하나님의 긍정(Ja)으로, 두 배우자가 서로 사랑으로 말했던 것을 동의(Ja)하는 것으로 묘사한다. 동시에 그는 —신약 성경의 본문을 따르지만 오늘날은 다소 공감하기 어렵다— "그것(결혼 서약) 없이는 모든 것이 엉망이 될 것이기 때문에 지켜야 할 결혼 서약을 요구합니다. 당신들의 집 형상(Gestaltung)에 대해 자유롭게 설계할 수 있는 모든 것에서 당신들은 단지 한 가지에만 묶여 있습니다. 그것은 아내는 남편에게 복종하고, 남편은 아내를 사랑하기입니다"(DBW 8, 76). 본회퍼가 말을 계속 이어나갔을 때, 사람들은 독재와 전쟁으로 인한 실존적 격변과 대안 세계에 대한 열망을 느꼈다.

하나님에 의해 아내가 처한 곳은 남편도 속한 집입니다. […] 하나의 집
은 […] 세상의 한가운데에서는 부부를 위한 왕국, 폭풍 같은 시간 속의
성, 피난처입니다. (DBW 8, 76 f.)

이외에도 본회퍼는 투옥 상황에 처한 동료 수감자들을 위해 기도
문을 썼다. "주 예수 그리스도시여, 당신은 나처럼 가난하셨고, 비참
하셨고, 붙잡히셨고, 버려지셨습니다. 당신은 인간의 모든 필요를 알
고 계십니다. 아무도 내 곁에 없을 때 당신은 나와 함께 계십니
다"(DBW 8, 205). 본회퍼는 오랜 시간 동안 여전히 석방되기를 바랐다.

핑켄발데에서 함께했던 시절 이후로 디트리히 본회퍼와 에버하
르트 베트게는 특별하고 친밀한 우정을 쌓았다. 이러한 우정은 본회
퍼의 투옥 기간 동안 두 사람이 주고받은 편지를 통해 유명해졌다.
훨씬 이전에도 이미 그들은 자주 편지를 주고받았다. 이제는 베트게
와의 대화가 본회퍼에게 아주 중요한 것이 되었다.

어제 자네의 편지를 읽었을 때, 그것은 나에게 나의 영적 삶이 시들지
않기 위해 시작했던, 오랜만에 다시 한 방울의 물을 선사한 샘물과 같았
다네. (DBW 8, 232)

가능한 한 내가 자네와 매일 영적인 교류를 하고 있다는 사실을 알려
주고자 하네. 자네와 무엇인가에 관해 깊은 이야기를 하지 않거나, 적
어도 자네가 무엇을 말할지 궁금한 질문을 하지 않고는, 책을 읽을 수

없고, 한 단락도 쓸 수가 없다네 ─요컨대, 이 모든 것은 그 자체로 편지의 형태를 취한다네. (DBW 8, 342)

1951년 에버하르트 베트게는 『저항과 복종』이라는 제목으로 본회퍼가 가족과 자신에게 보내는 편지들을 모아 출판했다. 처음에 그는 본회퍼의 편지를 받은 "그 친구"가 누구인지 밝히지 않았다. 새 판은 1970년까지 출판되지 않았는데, 새로운 판에서 베트게는 자신의 편지들로 구성된 단락들을 인쇄했다. 『저항과 복종』은 급속도로 유명해졌다. 교도소의 일상 속 통찰력과 본회퍼의 개인적인 사상 세계는 감동적이었다. 본회퍼가 즉흥적으로 쓰기 시작했던 시들도 큰 주목을 끌었다. 베트게와의 대화에서 발전된 신학적 주제들은 더 큰 영향을 가졌었다.

에버하르트 베트게의 이름은 우선 가족에게 보내는 편지에 등장하지 않았다. 왜냐하면 편지가 검열되어야 했고 체제 전복 계획을 알고 있었던 베트게가 위험에 처해지기를 원하지 않았기 때문이었다. 그러는 사이 베트게는 군인으로 징집되었고, 사람들은 그가 더 이상 감시받지 않기를 기대할 수 있었다. 동시에 본회퍼는 우군인 경비병을 미리 포섭해 두었다. 그는 베트게에게 보내는 편지를 감시를 뚫고 감옥 밖으로 몰래 전달해주었다. 체포된 지 거의 7개월 반 만에 본회퍼는 마침내 그의 친구에게 편지를 쓸 수 있었다. 그는 그 어느 누구에게도 그렇게 진실할 수 없었다.

내일이나 모레에 자네와 면회할 수 있을 것이네. 처음으로 3~4년(3개월) 만에 완전한 진실을 듣고 말할 수 있게 될 것이네. 그것은 하나의 사건이네. 나는 부모님과 마리아를 보살펴야만 하네. 나는 자네에게 거짓 없이 솔직할 걸세. 자네도 나에게 그러길 바라네. (DBW 8, 251)

계속해서 그는 베트게가 자신의 개인적인 사상들과 감정들을 살펴보도록 했다.

나는 종종 내가 실제로 누구인지 묻는다네. 내가 여기 이 끔찍한 것들 사이에서 계속해서 비틀거리며 울부짖는 비참함을 느끼는 사람인지, 아니면 자신을 채찍질하고 나서 겉으로는 (자기 자신에게도 역시) 평온한 자, 명랑한 자, 여유로운 자, 우월한 자로 서서 이러한 것에 대해 자신을 예찬하지는 않는지(즉 이러한 연극 공연에 대해 예찬하는 사람은 아닌지, 혹은 아무것도 아닌 것에 감탄하고 있는 건 아닌지)? (DBW 8, 235)

그는 자신을 이 상황에 처하게 한 어떤 결정도 후회하지 않는다고 말했다. 그러나 그는 계속해서 "운명에 따른 필연적 저항과 똑같이 필연적 복종 사이의 경계에 처한 곳"과 우리가 이러한 "그것"(운명) 속에서 "당신"(Du)을 찾는지, 혹은 바꾸어 말하면, 어떻게 운명으로부터 실제로 인도되는지"(DBW 8, 333 f.)에 대해서 질문했다. 베트게는 이 말들에서 옥중서신을 위한 제목을 선택했다.

본회퍼는 편지를 통해 베트게와 신학적 대화가 다시 가능하게 된 것을 향유했다. 그 외에도 그는 지난 몇 주 동안 구약 성서에 대한 그의 긍정적인 평가가 어떻게 다시 강화되었고, 그 결과로 그리스도인 부활 희망에 대한 그의 견해가 어떻게 바뀌었는지 그에게 말했다.

어쨌든, 나는 내가 얼마나 구약 성서적으로 생각하고 인식하는지 점점 더 많이 느낀다네. 그렇게 나는 지난 몇 달 동안 신약보다 구약을 훨씬 더 많이 읽었다네. 하나님의 이름을 부를 수 없음(Unaussprechlichkeit)을 알 때만, 예수 그리스도의 이름을 한 번이라도 부를 수 있다네. 모든 것을 잃어버리고 끝난 것처럼 보이는 삶과 땅을 그렇게 사랑하는 사람에게만, 죽음에서의 부활과 새로운 세계를 믿는 것이 허락된다네. (DBW 8, 226)

투옥 상황에도 불구하고 ―또는 아마도 그 때문에― 삶에 대한 이러한 추구는 본회퍼의 편지들을 통해 관통하는 논증(roter Faden)처럼 이어진다. 더 나은 내세에 대한 이른 희망은 본회퍼의 요지가 아니다.

나는 우리가 우리의 삶과 하나님이 우리에게 좋은 것을 주시는 삶 안에서 하나님을 사랑해야 하고, 신뢰해야 하고, 때가 되었을 때 ―실제로 그때가 되었다네! ―사랑과 믿음과 기쁨으로 그에게 나아가야 한다고 생각한다네. 그러나 ―명확하게 말하자면― 사람이 아내의 품에 안겨 세상 저편을 갈망하는 것은 저속한 것(Geschmacklosigkeit)이고 어떤 경우에도 하나님의 뜻이 아니라네. 하나님이 우리에게 지금 무엇인가를 선사하시는 것에서 하나님을 찾고 사랑해야 한다네. 하나님께서 우리에게 어마어마한 이 땅의 행복을 누리게 허용하는 것이 하나님의 뜻이라면, 우리는 하나님보다 경건해서는 안 되고, 오만한 사상들과 요구들을 통한 행복 그리고 하나님이 주시는 것을 결코 충분히 가질 수 없는 제멋대로인 종교적 판타지를 통한 행복, 이러한 행복은 부패하도록 해야 한다네. 하나님은 이 땅에서 자기 행복 가운데서 그분을 발견하고 하나님에게 감사하는 사람에게, 이 땅의 모든 것은 일시적일 뿐이며 자기 마음을 영원에 익숙해지게 하는 것이 좋다는 사실을 기억되게 함으로써, 시간을 헛되이 보내게 하지 않으시고, 결국 우리가 올바르게 말할 수 있는 시간을 놓치지 않게 하실 것이네: "나는 본향에 있기를 원한다네. […]" 그러나 이 모든 것들은 때가 있으며, 가장 중요한 것은 하나님과 함께 걸어가는 것을 유지하는 것이라네. (DBW 8, 244 f.)

1944년 4월 30일 베트게에게 보낸 편지와 더불어, 그의 신학적 사고의 새로운 단락이 시작되었다. 적어도 그는 스스로 이것을 그렇게 인식했다. 이 편지는 본회퍼가 "비종교적 시대"(religionslose Zeit)를 진단했고, 이러한 종교상실에 상응하는 기독교 신앙의 "비종교적 해석"(nicht-religiöse Interpretation)을 정립했던 첫 편지였다. 이러한 성찰들은 『저항과 복종』을 광범위하게 신학적으로 수용되도록 해주었다. 그것은 무엇에 관한 것인가?

> 나를 끊임없이 움직이는 것은 그리스도교가 무엇인지, 오늘날 우리에게 그리스도가 실제로 누구인지에 대한 질문이라네. ―신학적이든 경건한 말이든― 언어를 통해 사람들에게 이것을 말할 수 있는 시대는 지나갔다네. 또한 내면과 양심의 시대 그리고 다시 말해서 종교의 시대도 지나갔다네. 우리는 완전히 종교가 없는 시대에 접근하고 있다네. 사람들은 간단하게, 마치 그들이 한번 그랬던 것처럼, 더 이상 종교적이지 않을 수 있다네. (DBW 8, 402 f.)

본회퍼의 진단을 이해하기 위해서는 그가 "종교"라는 단어로 오늘의 언어습관에 포함된 모든 뜻과 인간의 초월에 관계된 모든 형태를 의미하지는 않았다는 사실을 분명히 해야 한다. 본회퍼는 몇 가지 특징들에 의해 결정되는 좁은 종교 개념을 전용한다. 그것은 무엇보다도 다음의 네 가지, 형이상학, 내면성, 개인주의와 편파성(Partialität)이다. 그는 이러한 방식으로는 오늘날 더 이상 믿게 될 수 없다는 것을 알았다. 형이상학은 사람들이 세계와의 연결을 설명할 수 없을 때, 설명적 가설로서 작용하고, 사람들이 한계에 부딪쳤을 때 그리고 더 이상 스스로를 도울 방법을 알지 못할 때, 외부에서 이 세계로 개입하는 가장 높고, 전능하며, 세계에서 분리된 존재로서 하나님을 규정한다. 종교적 형이상학적 하나님이 인간의 한계에 자신의 장소를 가지고 있다면, 종교는 인간의 지식의 한계뿐만 아니라, 그가 더 이상 무엇을 알지 못하는 내적 한계, 그러한 내면성, 인간의 한계를 특별히 강하게 만드는 데 관심을 가진다. 종교적 명제에 따르면, 단지 하나님과 함께 함으로써 인간은 소위 고난, 죄 및 죽음에 대한 궁극적인 질문과 함께 이러한 한계에서 자신의 질문을 잘 해낼 수 있다. 이런 식으로 종교는 개인주의, 내면의 안녕과 영혼의 구원에 대한 개인적인 염려를 추구하는 일이 보강된다(Unterfangen). 형이상학, 내면성, 개인주의라는 모든 세 가지 특징은, 종교가 인간 삶의 일부에만 영향을 미치고, 전혀 인간 전체에 영향을 미치지 않는 부분적인 무언가가 된다는 공통점을 가지고 있다.

본회퍼의 관찰은 이제 이 네 가지 특징이 인간학적 상수, 인간에게 필요한 모든 필요를 설명하지 않지만 역사적으로 조건화된, 허무한 인간적 표현 형태라는 것이다. 사람들은 지난 몇 세기 동안 성숙하게 (mündig) 되었고, 지식의 한계들과 내면의 장벽들에서 그러한 종류의 신적인 보호자 없이는 살아갈 수 없다는 것이다.

13세기경에 시작된 인간 자율성—나는 자율성을 세계가 학문, 사회생활 및 국가생활, 예술, 윤리, 종교 안에서 살고 스스로 해결하면서 살아가는 법칙의 발견으로 이해한다네―을 향한 운동은 우리 시대에 어느 정도 완성되었다네. 인간은 모든 중요한 질문에서 "작업가설의 신"(Arbeitshypo- these: Gott)의 도움 없이 자신 스스로 해결하는 법을 배웠다네. […] 모든 것이 '하나님' 없이도, 이전처럼 작동한다는 것이 밝혀졌다네. (DBW 8, 476 f.)

인식의 영역뿐만 아니라 인간의 행동 영역에서 '도덕적 정치적 자연과학적 작업가설로서 하나님은 […] 제거되고 극복 되었다네'(DBW 8, 532). 또한 '궁극적인 질문'에 대해서는 하나님에게서 눈을 돌릴 수 있는 […] 오늘날의 […] 인간의 대답이 있다네. 인간은 사실 ―그리고 모든 시대에 그랬었지만― 하나님 없이도 이러한 질문을 해결할 수 있게 되었다네. (DBW 8, 455).

본회퍼의 평가에 따르면, 교회는 이러한 발전에 대항해서 너무 오랫동안 싸웠다. 교회는 다윈주의와 같이 하나님으로부터 독립된 세상에 대한 설명을 악마시했다(verteufelt).

(교회는) 안심하고, 만족해하며, 행복한 사람들에게, 실제로는 불행하고 절망적이고 단지 인정하지 않고자 한다는 것을 입증하려고 시도했고, 긴급한 상황에 처했을 때 인간은 그것에 관해 아무것도 모르고 단지 교회만이 인간을 구원하는 것이 가능하다고 입증하려고 노

력했다네. (DBW 8, 478)

종교인들은, 인간적인 인식이 —때때로 생각하기 싫어함으로 인해— 끝났거나 인간적인 능력이 불가능할 때 하나님에 관해 말한다네. 그것 은 실제로 '기계장치로서의 신'(deus ex machina)이라네. 인간들은 기계 장치로서의 신을 해결할 수 없는 문제를 해결하는 척하거나 인간적으 로 불가능함의 힘, 항상 인간의 약함을 이용하는 데 혹은 인간적인 한계 에서 해결 가능한 능력으로서 불러 모은다네. 이것은 인간들이 자신의 능력으로부터 한계를 조금 더 연기하고, 기계장치로서의 신이 불필요 할 때까지만 불가피하게 지속된다네. (DBW 8, 407).

인간들의 성숙함(Mündigkeit), 그들의 종교상실성을 간단하게 인정 하는 것 대신에, 하나님은 교회에 의해 "항상 어떠한 비상수단적인 은밀한 장소로 잠입되신다"(an irgendeiner allerletzten heimlichen Stelle hi-nein[ge]schmuggelt) (DBW 8, 511).

본회퍼의 논증에 따르면, 그러한 인정은 사실에 대한 자기만족 (Sich-Abfinden)을 체념하는 것이 아니라, 이미 예수 그리스도의 십자가 의 죽음과 함께 일어나는 것의 결과일 것이다. 십자가에 달리신 하나 님은 전능하신 하나님에 관한 형이상학적 설명과 모순된다. 왜냐하 면 십자가에 달리신 그리스도는 무력함(Ohnmacht)과 고난을 통해 특 징 지워지기 때문이다. 하나님 자신은 십자가에서 고통과 외로움과 하나님의 떠남(Gottverlassenheit)을 겪으신다(참조. 막 15:34). 이러한 무력하고, 고난받고, 하나님이 떠난 십자가의 하나님은 "종교적 인간이 하나님으로부터 기대하는 모든 것의 뒤집음(Umkehrung)"(DBW 8, 535) 이다.

그러나 하나님의 고난을 통해서 모든 인간의 고난과 하나님의 떠남은 새롭게 자격이 부여된다. 이제부터 그들은 하나님의 곁에서 그리고 하나님 안에서 그들의 자리를 갖는다. 고통받는 사람, 하나님으로부터 버림받았다고 느끼는 사람은, 하나님과 분리되어 있지 않다. 오히려 하나님은 항상 그를 향해 다가오신다. 더욱이 무력하신 하나님은 인간이, 외부에서 세상 속으로 개입하는 하나님에게 피할 수 없음을 보여준다. 하나님은 자신이 세상에서 가장자리까지 밀려나도록 허용하시고, 그렇게 하심으로 세상의 성숙을 긍정하신다. 인간은 독립적으로 자신의 삶을 잘 해낼 수 있고, 또한 잘 해야만 한다. ─ 동시에 "하나님과 가까운 곳에서 하나님의 면전에서 사는 것이 허용된다는 것을 알아야만 한다" (DBW 8, 573).

우리는 "마치 하나님이 존재하지 않은 것처럼"(etsi deus non daretur) 세상에서 살아야만 한다는 사실을 인식하지 않고는 성실할 수(redlich) 없다네. ─ 그리고 이것이 바로 우리가 인식하는 것이라네. ─ 하나님 앞에서! 하나님 자신이 우리에게 이러한 인식을 강요한다네. 그렇게 우리를 하나님 앞에서의 우리의 상황에 대한 참된 인식을 추구하고, 그러한 방식으로 우리가 성숙하게 되게(Mündigwerden) 이끄신다네. 하나님은 우리가 하나님 없이 해결할 수 있는 삶이 되는 그러한 사람으로 살아야만 한다는 것을 우리에게 알려 주신다네. 우리와 함께하시는 하나님은 우리를 떠나시는 하나님이시라네(막 15:34)! 하나님의 작업가설(Arbeitshypothese) 없이 세상에서 살게 하시는 하나님은, 그의 앞에 우리가 계속해서 서 있는 하나님이시라네. 하나님 앞에, 하나님과 함께 우리는 하나님 없이 산다네(Vor und mit Gott leben wir ohne Gott). (DBW 8, 533 f.)

십자가로부터 획득된 현대인에 대한 이러한 관점의 목적은, 그리스도인들이 스스로 용기 있고 공개적으로 이 세상으로 향하는 일종의 새로운 세속성(Weltlichkeit)이다. 그들은 더 이상 자신 주위를 두렵게 맴돌지 말고, 타자를 위해 존재해야 한다. "교회는 타자를 위해 존재할 때만 진정한 교회이다"(Die Kirche ist nur Kirche, wenn sie für andere da ist) (DBW 8, 560). 이것은 사람들이 이 세상의 고난과 이 세상의 하나님의 고난에 참여하는 동안 발생한다.

이러한 근본적인 고려의 배경 이전에, 본회퍼는 기독교가 다시 한 번 새롭게 생각되는 "성서 개념에 대한 비종교적 해석"(nicht-religiöse Interpre- tation biblischer Begriffe) (DBW 8, 509)을 요구한다. 흔히 다양하게 이해됨에도 불구하고, 본회퍼가 의도한 것은 기독교가 하나님에 대한 그의 믿음을 포기해야 한다는 것은 아니며, 사람들이 기도와 제의와 같은 종교적 실행을 무산시켜야 하거나, 더 이상 교회가 있어서는 안 된다는 의미도 아니다. 아니다(Nein), 이 모든 것이 그리스도교에 속한다. 그러나 위에서 지적한 바와 같이 종교적 요소 없이 하나님과 신앙과 교회가 어떻게 생각되어야만 하는지를 추구해야 하고, 그 결과로 그것들은 세상에 도움을 주어야 한다. 본회퍼는 그러한 해석이 구체적인 용어로 어떻게 보일 수 있는지, 단지 편지로만 언급할 수 있었다. 그는 그것에 관한 짧은 논문을 쓰기 시작했지만, 마무리할 수 없었고, 아쉽게도 보존되어 있지도 않다.

1944년 7월 20일, 클라우스 셍크 그라프 폰 슈타우펜베르크(Claus Schenk Graf von Stauffenberg) 대령의 암살 시도는 실패했다. 그 결과, 관련된 많은 다른 사람들과 함께 디트리히 본회퍼의 형제 클라우스와 그의 자형(姉兄) 뤼디거 슐라이허(Rüdiger Schleicher)가 체포되었고, 1945년 4월 23일 모아비트(Moabit)에서 처형되었다.

본회퍼가 1944년 7월 21일 베트게에게 보낸 편지는 실패한 암살 시도에 대해 알고 있었음을 반영한다. 문제는 스스로 무엇이 되느냐가 아니라, 이 세상에서 책임 있게 살아가는 것에서 결정된다는 것이다.

인간은 맨 처음에 삶의 완전한 이 세상성 안에서 믿는 것을 배운다네. […] 자기 스스로 무엇인가를 이룰 수 있다는 것을 완전히 포기했을 때 ―성자든, 회심한 죄인이든, 교인이든 […] 의로운 자든, 불의한 자든, 병자든, 건강한 자든― 이런 것을 나는 이 세상성(Diesseitigkeit)이라고 부르는데, 즉 많은 과업들, 질문들, 성공과 실패, 경험과 당혹감에서 살아가는 것― 그런 사람은 하나님의 품에 자기 자신을 던져 안긴다네, 그러면 그 사람은 더 이상 자신의 고난을 받아들이지 않고, 세상 속에 있는 하나님의 고난을 진지하게 받아들인다네. 그리고 나서 겟세마네에서 그리스도와 함께 지켜본다네. 나는 그것이 믿음이고, 참회[회개, μετά- νοια]라고 생각하고, 그렇게 사람은 한 명의 인간이 되고, 한 명의 그리스도인이 된다네" (DBW 8, 542).

『약혼자의 편지 감방 92』

본회퍼가 감옥에 갇히기 시작하고, 부모님에게만 글을 쓸 수 있었을 때, 마리아 폰 베데마이어는 약혼자의 소식을 간접적으로만 들었다. 예를 들어 체포된 지 한 달 후에 그녀는 그에게 보내지 않은 편지를 썼다.

제 생각이 당신을 찾지 않는 건 하루에 한 시간도 없을 것입니다. 정원을 지나 아침 6시마다 병원에 갔을 때, 당신도 지금 깨어 있고 아마도 지금 저와 같은 하늘을 보고 있다는 것을 압니다. 제가 돌보는 4명의 어린아이들에게 저는 방을 정리하는 동안 '디트리히 삼촌'에 대한 긴 이야기를 많이 들려줍니다. 걸레질을 하고 청소할 때도 리듬에 맞춰 생각합니다: 디트리히, 디트리히. 그리고 제가 나의 이름에 관하여 여성용 방과 대화했을 때, 당신은 '디트리히'가 가장 아름다운 이름으로 선언될 것임을 확신할 수 있습니다. 매일 저녁 저는 당신의 사진을 손에 들고, 당신에게 "알고 계세요?"와 "나중에"에 대해 많이 이야기합니다. 그래서 저는 마침내 시간적으로 가까워지고 있는 것에 관한 둘 사이의 단계가 얼마 안 남았다는 것을 스스로 믿게 해야만 합니다. 그런 다음 저는 당신에게 글로 담을 수 없는 모든 것을 말해 줄 것입니다. ─ 다른 사람들이 편지를 여전히 읽어야만 하는 것은 결코 아닙니다. ─ 하지만 내가 글을 쓰지 않아도 진정 당신은 알겠지요? (Brautbriefe, 5 f.)

1943년 6월 24일 만프레드 뢰더의 감시 아래, 어머니가 요구한 거리두기의 기간 이후 처음으로 서로를 보게 되었다. 시간이 조금 지나서 본회퍼는 마리아 폰 베데마이어에게 편지를 쓸 수 있었다. 1992년 『약혼자의 편지, 감방 92』(Brautbriefe Zelle 92)라는 제목으로 출간된 둘 사이의 편지들은 오랫동안 함께하는 걱정하지 않아도 될 미래에 대한 희망을 담았고, 상대방의 사랑과 배려로 가득 차 있었다. 디트리히 본회퍼는 마리아 폰 베데마이어에게 다음과 같이 썼다.

당신이 나의 사람이라는 것이, 저의 현 상황에서 어떠한 의미를 가지고 있는지 당신은 전혀 측량할 수 없을 것입니다. 저는 하나님의 특별한 인도하심이 저를 지배하고 계신다고 확신합니다. 우리가 서로를 발견한 방식과, 내가 체포되기 직전의 시간은 제게는 분명한 신호였습니다. 다시 한 번 '인간들의 혼돈 속에서 하나님의 섭리'[hominum confusione et dei Providentia]를 통해 이루어진 것입니다. 그것은 제가 얼마나 과분하게 그러한 행복을 경험했는지를 매일 새롭게 압도하고, 매일 나를 깊이 감동시키고, 한편으로 하나님께서 당신을 작년에 얼마나 가혹한 시련을 겪게 하셨는지, 우리가 서로 전혀 알지 못하는 상황에서, 제가 당신에게 고통과 근심을 안겨주어야만 했던 것이, 우리의 사랑이 서로 온전한 기초과 온전한 받아들일 수 있는 능력을 받기 위한, 하나님의 뜻인 것이 얼마나 명백한지요. 제가 세상의 상황, 우리 각자의 운명과 저의 현재의 투옥에 대한 완전한 어두움을 고려할 때, 우리의 약혼식은 ―부주의하지 않았고 확실히 그렇지 않았다면― 우리를 믿음으로 부르시는, 하나님의 은혜와 선하심의 표시입니다. 그것은 예레미야서에서, 그의 백성이 가장 필요로 하는 상황에서 미래에 대한 확신의 표시로 "사람이 이 땅에서 집과 밭과 포도원을 다시 사게 되리라"(렘 32:15)고 말한 것과 같습니다. 여기에는 믿음이 포함 됩니다. 하나님은 우리에게 믿음을 매일 주십니다. 세상으로부터 도망치는 믿음이 아니라 세상 안에서 인내하고, 우리에게 가져다주는 모든 긴급함에도 불구하고 이 땅을 사랑하고 이 땅에 신뢰로 머무르는 것입니다. 우리의 결혼은 하나님의 땅을 향한 하나의 긍정(Ja)이 되어야 하고, 이 땅 위에서 무언가를 창조하고 영향을 끼치기 위한 용기를 강하게 하는 것이어야 합니다. 저는 땅 위에서 한 발로 서는 것을 감행하는 그리스도인들이, 천국에서 다른 한 발로 서게 될까 두렵습니다. (Brautbriefe, 38)

관계는 하나님에 대한 둘의 믿음으로 유지되었다. 마리아 폰 베데마이어가 본회퍼의 사상 세계에 익숙해지려고 했음에도 불구하고, 그들이 서로 교환했던 내용들에 신학적인 질문들은 많지는 않았다: "저는 저녁마다 당신의 책들 중에서 항상 조금씩 읽는답니다. 많은 부분에서 이해가 안 되는데, 당신에게 드디어 물어볼 수 있다니 기쁘답니다"(Brautbriefe, 11). 그녀는 일상생활에서 많은 소식들을 전해주었고, 이미 함께 머무를 곳의 가구들을 계획했다. 본회퍼는 지금까지 추천한 책들이 그녀의 문학적 취향과 어울리지 않다고 생각했기 때문에, 그녀에게 그녀가 읽을 만한 다른 책들을 추천했다. 그러나 편지들은 서로 떨어져 있음과 불확실한 미래로 인해 얼마나 많은 고난을 겪는지 보여준다. 그들의 약혼 기념일인 1944년 1월 13일에 그녀는 다음과 같이 썼다.

> 당신은 다시 뭔가를 좋게 만들어야만 한다고 생각해서는 안 됩니다. 보세요, 당신은 그것을 써서는 안 됩니다. 당신은 그것으로 아파합니다. 그것은 전혀 내 고통이 아니라 당신의 고통입니다. 그리고 당신은 저에게 당신의 고통을 견딜 수 있는 일부를 주세요. […] 그리고 생각해 보세요. 우리가 고통을 함께 짊어질 수 있기 때문에 저는 당신을 사랑한답니다. 우리가 함께 소유할 수 있는 부분이 그렇게 많지는 않네요.
> (Brautbriefe, 117)

그러나 본회퍼는 베트게에게, 무엇보다도 특히 아직 서로를 잘 알지 못하기 때문에, 본회퍼 안에서, 사랑은 "단지 상대방을 완전히 아는 것에서 비롯되거나 적어도 그와 강렬하게 함께 있을 때만"(DBW 8, 302) 성장한다고 하면서, 관계에 대한 불안감을 드러냈다. 그는 이것이 마리아 폰 베데마이어도 같은 방식으로 발전할 것이라고 확신했는데, 그러나 본회퍼는 그녀에 대해 솔직하지 않은지에 대해 그가 질문한 것에 직면하여, 그녀의 편지들 안에서 일종의 강렬함을 느낄 수 있었다.

기회가 닿는 경우에, 마리아 폰 베데마이어는 디트리히 본회퍼를 방문할 수 있었다. 면회 허가에 대한 반응으로 그는 그녀에게 1944년 6월 초에 시 〈과거〉(Vergangenheit)를 보냈다.

당신은 가버리셨습니다.
사랑받은 행복과 어렵게 사랑받은 고통이여!
제가 당신을 어떻게 부를까요? 궁핍, 삶, 축복.
나 자신의 일부, 나의 마음―그것은 과거인가요?
문은 닫혀버렸습니다.
점점 더 멀어지는 발자국 소리를 들었는데,
곧 사라져버렸습니다.

제게 남은 것은 무엇인가요? 기쁨? 고통? 소원?
이것만은 제게 분명합니다. 당신은 가버리셨고,
모든 것은 과거가 되었습니다.
내가 지금 당신을 향하여 손을 뻗고,
당신을 아프게 하면서까지 당신에게 꼭 달라붙고 싶은 것을 느끼시나요?

단지 당신 곁에 확실히 머무르기 위해,
제가 당신의 상처를 찢어 당신의 피가 흘러내리도록 하듯이,
당신은 몸을 가졌고, 이 세상적이며, 온전한 생명이신가요?

당신은 알고 계신가요?
이제 나는 나 자신의 고통을 갈망하며,
단지 모든 것이 ─과거들─ 속에 묻혀버리
는 것을 막기 위해,
나 자신의 피 보기를 열망하는지를.

[…]

저는 손을 뻗습니다.
그리고 기도합니다.
그리고 새로운 것을 경험합니다:
과거는
당신의 인생에서 가장 활기찬 부분으로
감사와 회개를 통해
당신에게 돌아옵니다.

사진 12. 마리아 폰 베데마이어, 팻지히
(Pätzig)에서

과거들 속에 있는
하나님의 용서와 선하심을 깨달으십시오.
하나님께서 오늘도 내일도 당신을 지켜 주시기를 기도합니다!
(Brautbriefe, 192, 194.)

디트리히 본회퍼가 이미 프린츠 알브레히트 가에 있는 지하감옥으로 이전되었을 때, 1944년 말 마리아 폰 베데마이어에게 보냈던 이 시는 매우 유명해졌다. 그 시가 첨부된 편지의 내용은 다음과 같다.

저는 한순간도 홀로 있다거나 누군가가 떠나버렸다는 감정을 느낀 적이 없답니다. 당신, 부모님, 모든 여러분들, 전선에 나가 있는 친구들과 학생들, 여러분들은 나에게 항상 온전하게 현재하고 있습니다. 여러분들의 기도와 선한 생각들, 성경 말씀들, 오래전의 대화들, 음악, 서적들이 종전에 없던 삶과 현실로 작용합니다(bekommen). 그것은 그 안에서 사람이 살고 그러한 현실에 의심의 여지가 없는 거대하고 보이지 않는 영역입니다. (Brautbriefe, 208)

본회퍼의 시 〈선한 능력으로〉(Von guten Mächten)는 이러한 현실을 묘사한다. 시는 마리아 폰 베데마이어와 그의 가족들에게 보내는 본회퍼의 "성탄인사"(Weihnachtsgruß)이다. 그것이 만들어진 상황에 대해 알고 있다면, 일찍이 기타 반주와 함께 불렀던 것과는 다르게 읽었을 것이다.

1. 선한 능력들에 신실하고 고요히 둘러싸여
보호되고 위로받으니 경이롭습니다.
그렇게 나는 당신들과 이날을 함께하고
당신들과 새해를 맞고 싶습니다.

2. 지나간 것들은 여전히 우리의 마음을 괴롭히고자 합니다.
악한 날들은 우리에게 여전히 무거운 짐입니다.
오 주님, 우리의 놀라서 일어난 영혼들에게
당신이 우리를 구원하시기 위해 창조하셨던 그 구원을 주소서.

3. 그리고 당신에 우리에게 무거운 잔, 고난의 쓴 잔을 건네주실 때,
그 잔은 넘치도록 채워집니다.
그렇게 우리는 당신의 선하신 사랑의 손 덕분에
두려움 없이 그 잔을 받습니다.

4. 그러나 당신이 우리에게 다시 한 번
이 세상의 기쁨, 눈부신 햇살을 선물하고자 하신다면,
우리는 지나간 일들을 기억할 것입니다.
그리고 나면 우리들의 삶은 당신에게 온전히 속할 것입니다.

[…]

7. 선한 능력들로 경이롭게 보호받으며
우리는 앞으로 올 것들에 자신 있게 기대합니다.
하나님은 저녁과 아침에 우리와 함께 계십니다.
그리고 전적으로 확실히 매일 새로운 날에도 (함께 계십니다.)
(Brautbriefe, 209)

마지막 몇 달들

1944년 9월 22일 초센(Zossen)에서 방첩대의 저항 그룹의 비밀 기록 보관소가 발견된 이후로 본회퍼가 7월 20일 전복 계획에 연루된 것으로 추론될 수 있었기 때문에, 본회퍼는 더 이상 석방을 희망할 수 없었다. 9월 말까지는 여전히 탈출이 고려되었다. 그를 도와줄 간수가 준비되어 있었다. 그러나 그의 형 클라우스가 10월 1일에 체포되어, 탈출할 경우 가족과 약혼자가 더 큰 위험에 노출될까 봐 두려웠기 때문에 본회퍼는 탈출계획에 반대하기로 결정했다.

1944년 10월 8일 본회퍼는 프린츠 알브레히트 가(Prinz-Albrecht-Strasse)에 있는 제국보안본부의 지하 감옥으로 이송되었다. 그는 카나리스(Canaris) 제독, 오스터 대령, 칼 괴르델러(Carl Goerdeler), 그의 자형(姉兄) 한스 폰 도나니 및 마리아 폰 베데마이어의 사촌 파비안 폰 슐라브렌도르프(Fabian von Schlabrendorff)와 함께 수감되었다. 그는 단지 세 개의 편지만 쓰도록 허락되었다. 새로운 심문이 시작되었다.

1945년 2월 3일 베를린에 대한 심각한 공습이 있었다. 제국보안본부도 심하게 손상되었다. 그래서 본회퍼는 2월 7일에 본회퍼는 부켄발트(Buchenwald) 강제 수용소의 수감자 구역에 19명의 다른 주요 수감자들과 함께 수용되었다. 4월 3일에 이 그룹은 바이에른 발트(im Bayerischen Wald)의 쇤베르크(Schönberg)로 이송되었다. 한 생존자는 본회퍼가 4월 7일에 동료 수감자들과 아침 경건회를 가졌다고 전했다. 그런 다음 그는 그룹에서 분리되어 플로센뷔르크(Flossenbürg) 강제 수용소로 옮겨졌다. 동료 수감자인 패인 베스트(Payne Best)는 나중에 본회퍼가 조지 벨에게 메시지를 전달했고 내용을 강조하면서 두 번 반복했다고 보고했다. 그 결과 벨이 나중에 이를 부정했더라도, 그것들의 의미상 다양한 추측들이 있는, 암호화된 메시지가 포함되어 있다고 가정할 수 있게 되었다.

그에게 "이것이 저에게는 끝이지만 시작이기도 합니다"라고 말해주십시오. 그와 함께 저는 모든 국가적 증오감을 뛰어넘는 우리의 보편적인 그리스도교 형제애의 근본을 믿습니다. 그리고 그에게 우리의 승리가 확실하다고 말해주십시오. 또한 우리가 마지막으로 만났을 때 그의 말을 결코 잊지 않았다고 그에게 전해 주십시오. (DBW 16, 468, Übers. C.T.)

디트리히 본회퍼는 4월 8일 플로센뷔르크에서 사형을 선고받았다. 전쟁이 끝나기 3주 전인 1945년 4월 9일, 그는 빌헬름 카나리스, 루드비히 게레(Ludwig Gehre), 한스 오스터, 칼 작(Karl Sack) 및 테오도르 슈트륀크(Theodor Strünck)와 함께 교수형(durch Erhängen)에 처해졌다.

에 필 로 그
살인자인 성자?

1945년 이후 본회퍼의 수용 상황

디트리히 본회퍼가 큰 명성과 호평을 얻은 것은 무엇보다도 독재 체제 속에서 보여준 일관되고 용감한 삶의 태도와 책임감 있는, 때 이르고 폭력적인 종국에 있습니다. 나치에 의한 그의 죽음은 그의 인생 경로의 정당성을 증명하는 것처럼 보입니다. 많은 사람들에게 본회퍼는 국가사회주의 하에서 중대한 책임감 있는 행동이 어떤 모습이었어야 했는지에 대한 기념비적인 존재가 되었습니다. 동시에 그는 오늘날 기독교 신자들이 표상으로 삼으려고 노력하는 인물이 되었습니다.

본회퍼의 수용 광경을 살펴보면, 우선 특히 매우 다양한 교회 그룹들과 매우 색다른 신학적 경향들이 그들의 관심사를 위해 본회퍼의 어떤 강조점을 수집했는지가 주목을 끕니다. 제도적 교회를 비판하는 이들조차 교회 제도의 대표자들처럼 본회퍼를 끌어들입니다. 자유주의 신학자들은 본회퍼를 보수적인 그룹처럼 인용합니다. 이외에도 다양한 입장의 대변자들은 일반적으로 본회퍼의 다양한 텍스트를 관련시킵니다. 해방신학에서는 무엇보다도 감옥에서 울려 나온 텍스트에 공감했고, 이와 반대로 경건 지향적인 측에서는 핑켄발데 시절의 제자도와 공동체에 관한 텍스트에서 공감할 만한 것을 찾습니다. 본회퍼의 개별 문장들은 종종 사실적 및 역사적 맥락에서 끊깁니다. 그러나 문장들의 진실성은 의심할 여지가 없는 것 같습니다. 현재의 문제제기에 직면하여 진부한 질문을 하더라도, 본회퍼는 그것에 관하여 말해줄 것입니다.

본회퍼가 매우 다양한 입장을 증명하는 데 사용된 것은 주로 그의 저작들이 지닌 신학적인 주파수의 폭과 관련이 있습니다. 또 다른 이유는 그의 많은 텍스트가 완성되지 않았다는 성격 때문입니다. 본회퍼는 출판 가능했던 텍스트 중 약 5분의 1만을 출판했습니다. 그는 많은 글을 완성할 수 없었기 때문에 다양한 해석에 개방되어 있습니다. 앞서 언급한 본회퍼의 도구화 가능성에 대한 셋째 이유는 표상(Vorbild)으로 삼기에 적합한 그의 평범하지 않은 삶의 여정과 그의 때 이른 죽음입니다.

그의 죽음 직후, 디트리히 본회퍼의 삶과 사상에 대한 관심은 독일이 아니라 해외에서 시작되었으며, 에큐메니칼 운동에서 함께 했던 그의 친구들의 권유로 비롯되었습니다. 1945년 7월 27일, 조지 벨 감독과 본회퍼의 친구 프란츠 힐데브란트와 율리우스 리거(Julius Rieger)

는 런던에서 그를 위해 추모예배를 드렸습니다. 이미 1945년 말에 빌렘 비서트 후프트(Willem Visser't Hooft)가 이끄는 세계교회협의회(Ökumenische Rat der Kirchen)는 『메신저의 증언』(Das Zeugnis eines Boten)이라는 제목의 기념저서를 출판했습니다. 이 책은 본회퍼의 투옥 시절의 내용들이 최초로 출판된 것이었습니다. 런던 추모예배뿐만 아니라 기념저서에서도 본회퍼는 주저 없이 예수 그리스도의 증인이자 순교자로서 평가를 받았던 반면에, 독일에서는 본회퍼와 관련하여 그러한 개념들을 사용하는 것이 훨씬 더 어려웠습니다. 그러나 늦은 감이 없지는 않지만, 디트리히 본회퍼는 독일에서도 주목되었습니다. 본회퍼의 서거 1주기인 1946년 4월 9일에 에버하르트 베트게는 『자유를 향한 도상에서』(Auf dem Wege zur Freiheit)라는 제목으로 최초로 본회퍼가 테겔감옥 시절에 쓴 시들을 출판했습니다. 그러나 본회퍼와 관련된 논쟁은 몇 년 후에야 독일에서 시작되었습니다.

본회퍼의 전후(戰後) 수용(Nachkriegsrezeption)은 그의 신학에 대한 학문적 연구에서 시작된 것이 아니라, 그의 삶과 인격에 대한 존경과 매혹과 더불어 시작되었습니다. 이런 맥락에는 본회퍼의 사형집행에 참석한 플로센뷔르크 수용소의 의사가 전해준 이야기 같은 그의 전기(傳記)도 포함됩니다. 그는 본회퍼가 용기 있게 교수대에 올라 하나님에 대한 큰 믿음을 가진 채 몇 초 후에 죽었다고 본회퍼의 죽음에 대해 보고했습니다. 그러나 이것은 실제 과정을 미화하는 의사의 허구로 밝혀졌습니다.

특히 독일에서는 폭력을 포함한 본회퍼의 정치적 저항에 처음에는 큰 어려움이 있었습니다. 그의 행동은 "정부에 복종"(Obrigkeit untertan)해야 하는 그리스도교의 의무에 의문을 제기했습니다. 국가는 하나님의 권위를 가지고 있기 때문에 국가에 순종하는 것이 그리스도인의 임무가 아니었습니까? 본회퍼의 참여는 책임 있는 행동이었습니까, 아니면 오히려 모국에 대한 반역이었습니까? 이때 이루어진 본회퍼의 결단은 7월 20일의 다른 저항가들과 동일한 비판을 받았습니다. 신학적 관점에서 볼 때 그의 공모적 행동은 1930년대 평화에 대한 그의 가르침(Ermahnungen)과 일치하지 않는 것 같았습니다. 암살 시도를 옹호하여 평화 지향을 포기한 것처럼 보였습니다. 이것이 일부 사람들이 최근 몇 년 동안 더 이상 본회퍼가 기독교 윤리에 근거하여 행동하지 않았다고 판단한 이유입니다. 고백교회에 대한 그의 참여만이 그리스도교적인 것으로서 가치가 있습니다.

하지만 다른 목소리도 있었습니다. 특히 에버하르트 베트게는 본회퍼의 저항에 대한 참여를 그리스도교 신앙의 직접적인 표현으로 해석했습니다. 다른 사람들은 마르틴 루터조차도 특정 상황들(Konstellationen)에서 폭력적인 저항이 고려되었어야만 했다고 강조했습니다. 점차로 7월 20일의 암살자들에 대한 평가와 더불어 본회퍼의 정치적 참여에 대한 평가가 바뀌었습니다.

1950년대에 본회퍼에 대한 학문적 관심은 점차적으로 시작되었고, 무엇보다도 에버하르트 베트게의 『저항과 복종』 1951년판에 의해 촉발되었습니다. '성숙한 세계'(mündige Welt)와 '비종교적 그리스도교'(nicht- religiöses Christentum)의 필요성에 대한 본회퍼의 단편적인 설명들은 사람들을 자유롭게 해주고, 지침이 될 만한 가르침을 주는 것으로서 많은 이들에게 열광적으로 받아들여졌습니다. 본회퍼의 주제들은 신앙심 깊은 이들은 항상 소수라고 여기는 사회에서 그리스도교 신앙을 유지하는 것이 여전히 의미 있고 살아갈 만한 것이라고 여기는 데 도움이 되었습니다. 또 다른 것들, 자유롭게 하는 언어에 대한 그의 요구와 고전적인 그리스도교 주제의 재해석에 대한 요구는 현대인을 세속성과 독립성 안에서 진지하게 받아들이는 그리스도적 존재(Christsein)가 되도록 자유롭게 하였습니다.

『저항과 복종』의 출판은 많은 독자들에게 본회퍼의 다른 신학 텍스트에 관한 관심들을 불러일으켰습니다. 본회퍼에 대한 학문적 검토는 마지막에 관한 것에서부터 시작되었습니다. 그의 『윤리학』(Ethik) 원고는 옥중에서 이루어진 신학의 준비라는 점에서 관심을 끌었습니다. 『나를 따르라』와 『신도의 공동생활』은 나중에 고려할 사항에 대한 긴장 속에서 수용되었고, 부분적으로는 세상으로부터 귀환(Rückzug)으로, 즉 본회퍼가 이후의 텍스트와 더불어 자신을 자유롭게 했던 입장으로 해석되었습니다. 마지막으로, 초기의 학문적 저술들은 후기에도 여전히 이어지고 있는지에 대한 중요한 근본동기(Grundmotiv)에 대해 의문이 제기되었습니다.

먼저 후기 저술에서 해석해 들이는 독서가 얼마나 많은 곡해를 유발할 수 있는가에 대한 비판은 최근의 일입니다. 그다음에 연구가들은 거기에서(후기 저술들) 전혀 발견되지 않은 초기 텍스트들에서 규정된 사상체계를 찾아낼 수 있다고 생각합니다. 한편, 본회퍼의 초기와 중기 텍스트들은 이전보다 훨씬 더 중요하게 평가되고 있고, 그것들이 후기 저술들을 위한 준비였다는 견해는 줄어들었습니다.

본회퍼의 삶과 신학에 대한 인식을 위해 1970년경에 전체를 아우를 수 있는 기초적인 두 종합연구가 이루어졌습니다. 에버하르트 베트게의 기념비적인 본회퍼 전기는 1967년에 출판되었으며, 여전히 디트리히 본회퍼의 삶을 이해하기 위해서는 필독서입니다. 1971년에는 가톨릭 신학자인 에른스트 파일(Ernst Feil)의 『디트리히 본회퍼의 신학. 해석학, 그리스도론, 세계이해』(Die Theologie Dietrich Bonhoeffers. Hermeneutik-Christologie-Weltverständnis)라는 제목의 박사학위논문이 이어졌습니다.

에버하르트 베트게는 오늘에 이르기까지 본회퍼의 가장 중요한 해석자입니다. 그가 없었다면 디트리히 본회퍼는 소수에게만 알려졌을 것입니다. 그의 전기와 본회퍼의 미발행 텍스트 간행본은, 국내외에서 광범위한 강의 활동을 통해 베트게는 더 이상 저항의 신학자를 알지 못하는 사람들에게 본회퍼 이미지(Bonhoeffer-Bild)를 각인시켰습니다. 베트게는 본회퍼의 삶을 학문적 신학자(1931년까지), 일관된 그리스도인(1940년까지), 비판적인 동시대인(1940년부터)의 세 단계로 나눴습니다. 따라서 그의 전기에는 "신학자 - 그리스도인 - 동시대인"(Theologe-Christ-Zeit-genosse)이라는 의미심장한 부제가 있습니다.

오랫동안 본회퍼 연구에서 본회퍼의 새로운 단계가 이전 단계에서 벗어나는 것을 의미하는지, 그리고 일부 해석자가 말했듯이, 우선 후기 본회퍼가 진정한 본회퍼였는지 여부에 대한 논의가 있었습니다. 무엇보다도 핑켄발데 시대의 중기 본회퍼가 어떻게 분류되어야 하는지에 대한 문제는 논쟁거리였습니다. 최근에는 본회퍼가 그의 생애 동안 개인적 신학적 정치-사회적 요구들에 반응했지만, 근본적인 결정을 고수했다는 견해가 받아들여졌습니다. 여기에는 예수 그리스도와 교회에 대한 강한 지향과 항상 인간의 행위를 관련시키는 그리스도교적 존재(Christsein)를 추구하는 것이 포함됩니다.

여러 차례 재발행된 에른스트 파일의 본회퍼 신학에 대한 조직신학적 구상은 특별한 수용 현상을 명백하게 합니다. 그것은 가톨릭 신학의 폭넓은 수용입니다. 디트리히 본회퍼처럼, 20세기 소수의 다른 개신교 신학자들만이 가톨릭 측에서 다양한 단행본들로 연구되었습니다.

개신교 측에서 본회퍼는 독일 연방 공화국과 동독의 정치 문제에 대한 교회 성명에서 오랫동안 중요한 역할을 했습니다. 본회퍼는 정치적으로 참여하기 위한 그리스도교적인 의무의 상징이 되었습니다. 국가사회주의 유대인 정책과 같은 바람직하지 않은 정치적 발전에 대한 그의 초기 인식은 모범적인 것으로 간주되었습니다. 특히 1980년대의 평화 운동에서 본회퍼의 평화주의적 발언들이 기억되었습니다. 본회퍼가 파뇌(Fanø)에서 공식화한 교회의 평화공의회(Friedenskonzil der Kirchen)에 대한 이념들은 1985년 독일 개신교회의 날에서 채택되었으며 소위 정의, 평화 및 창조보전을 위한 교회의 공의회 과정에 중요한 원동력이 되었습니다.

본회퍼는 아마도 서독보다 동독에서 훨씬 더 강력하게 선도적인 그리스도인이 되었을 것입니다. 저명한 만큼 논란의 여지가 있는 시도와 그리스도교 신앙에 대한 그의 비종교적 해석을 사회주의 사회에서 교회가 되도록 격려하는 것으로 읽으려는 시도가 두드러졌습니다. 동독에서도 교회는 "타자를 위한 교회"(Kirche für andere)가 되기 위해 책임을 인식해야 했습니다. "사회주의 교회"(Kirche im Sozialismus)라는 형식은 본회퍼에게서 영감을 얻은 이 관점으로 거슬러 올라갑니다. 그러나 그것은 다르게 해석되었습니다. 이것은 교회를 통한 사회주의 현실의 수용을 의미했을까요, 아니면 하이노 팔케(Heino Falcke)가 형식화했듯이 "더 나은 사회주의"를 위한 비판적인 자기간섭(Sich-Einmischen)이었을까요? 동유럽의 다른 공산주의 국가들에서 본회퍼는, 어떻게 사람들이 교회로서 세속사회에서 특권 없이 살 수 있었는지에 대해 자극제 역할을 하였습니다.

아울러 동독에서도 본회퍼의 신학에 대한 수많은 학술 논문이 게재되었지만, 본회퍼와 함께 실제로 존재하는 사회주의를 옹호한 이데올로기적 저작들도 등장하였습니다. 후자는 베를린의 신학자 한프리드 뮐러(Hanfried Müller)의 펜 끝에서 쓰인 본회퍼 신학의 첫째 모음집도 속합니다. 뮐러에 따르면 본회퍼는 자기를, 1961년에 출판된 그의 책 제목처럼 "교회에서 세계로"(Von der Kirche zur Welt) 발전시켰습니다. 그에게 본회퍼의 후기 신학은 그리스도인에게 무신론적 마르크스주의(atheistischen Marxis- mus)를 가능하게 하는 포괄적인 동의를 위한 근거였습니다. 이러한 해석의 결과로 동독은 본회퍼를 "반파시스트 저항가"(antifaschistischen Widerstands- kämpfer)로 선정했습니다. 독일기독교민주연합(Ost-CDU)은 동독을 본회퍼가 헌신을 다한 결과라고 선전했습니다.

그러나 본회퍼는 야당 쪽의 주요 증인으로도 사용되었습니다. 야당의 많은 구성원들은 본회퍼를 통해 사회주의 국가의 불의에 저항하도록 조장했다고 느꼈습니다. 그러므로 본회퍼의 『윤리학』(Ethik)은 동독에서 출판될 수 없었습니다.

20세기의 다른 어떤 독일 신학자도 본회퍼처럼 대학들에서뿐만 아니라 목사들, 종교 교사들 그리고 성도들까지 국제적으로 수용된 사람은 결코 없습니다. 그의 책은 다양한 언어로 번역되었습니다. 많은 국가에는 1971년에 설립된 국제본회퍼학회(Internationalen Bonhoeffer Society)의 지부들(Sektionen)이 있습니다. 이 지부들은 학문적 및 교회적 관점에서 본회퍼의 유산을 계발하고 현재를 위해 유익하게 만드는 것을 목표로 합니다.

영어권에서는, 소위 신 죽음의 신학(Gott-ist-tot-Theologie)에서 본회퍼에 대한 언급은 1960년대에 센세이션을 일으켰습니다. 본회퍼의 수많은 문구들이 이 신학에 포함되었습니다. 이 신학은 성숙한 인간은 "하나님 없이, 하나님 앞에서, 하나님과 더불어"(vor und mit Gott [⋯] ohne Gott) 살아간다는 진술처럼, 세상 저편의 신을 무산시키면서, 인격적인 신을 수용합니다. 유신론(Theismus)에서 이탈하면서 기독교 신앙의 중심 기본 요소는 변형되었거나, 심지어 새롭고 세속적인 신앙을 발전시킬 목적으로 거부되었습니다. 그러나 본회퍼의 후기 신학은 축약되었고 그의 "세상적 그리스도교"(weltlichen Christentums)에 대한 생각은 세속주의(Säkularismus)와 혼동되었습니다.

본회퍼의 신학은 또 흑인 해방신학인 미국 흑인 신학에도 아이디어를 제공했습니다. 그들에게 본회퍼는 그의 사고의 실존적 뿌리와 그의 일관된 행동 때문에 모범적인 신학자였습니다. 본회퍼는 북미와 남미 해방신학의 다양한 방향들에 대한 영감의 원천이기도 했습니다. 이 외에도 그는 완전히 다른 색채를 가진 보수와 자유주의 정치인들에 의해 차용되었습니다. 동시에 미국에서 수행된 본회퍼의 신학에 관한 수많은 연구 논문들은 독일에서와 달리 새로운 개인윤리 및 사회윤리 개념의 근거로서 기여하였습니다.

미국에서 본회퍼에 대한 매력은 여전히 깨지지 않았습니다. 전혀 다른 본회퍼의 이미지들이 유지되었습니다. 자유주의적 측면에서 본회퍼는 미국 정부 정책(예: 무슬림 세계에 대한 군사적 개입)을 비판하고 이와 함께 국가에 매우 큰 기여로 입증하는, 비판적인 애국심의 상징으로 사용되고 있습니다. 반면 보수주의자들은 본회퍼를 그리스도를 인격적으로 따르며 살면서, "세상의 악"에 대항해 모범적인 방식으로 싸운 예로 삼을 수 있는 그리스도인으로 존경합니다. 본회퍼 당시 그의 교회에 대한 비판은 현대 미국 그리스도교를 비판하는 데 즐겨 사용되기도 합니다.

본회퍼는 특히 억압에 대한 저항이 요구되는 비민주주의 국가들의 항거에 영감을 주었습니다. 1973년 에버하르트 베트게의 남아프리카 공화국 순회강연 이후 본회퍼의 신학은 그곳의 정치적 분쟁에서 중요한 역할을 했습니다. 인종차별(Apartheid)에 반대하는 투쟁에서 그의 두려움 없는 삶의 여정을 모범으로 삼았습니다. 본회퍼가 한 때 그랬던 것처럼, 사람들은 이제 "바퀴의 쐐기가 빠지기"(dem Rad in die Speichen fallen)를 원했습니다. 그의 영향으로 사람들은 교회가 정치 적 문제에 개입할 권한이 있다고 보았습니다. 반유대인 정책에 대한 본회퍼의 투쟁은 인종차별이 행해지는 현장에서 적용되었습니다. 교회는 그러한 차별을 지지해서는 안 되며, 신학적으로 정당화되어 서도 안 됩니다. 1994년 첫째 민주선거 이후, 국가사회주의 하에서 교회의 거부를 고려할 때, 교회의 죄-고백(Schuldbekenntnis)에 대한 본 회퍼의 요구는 남아프리카 공화국의 교회 상황으로 옮겨졌습니다. 교회의 죄-고백 없이는 화해가 있을 수 없습니다.

본회퍼의 삶과 저작은 그리스도교인이 소수인 아시아 국가에서 도 특별한 역할을 했습니다. 일본에서 본회퍼에 대한 연구는 제2차 세계대전 이후에 심각한 자기비판을 불러일으켰습니다. 왜냐하면 그리스도인들은 지난 수십 년 동안 민족주의적이고 전체주의적인 국 가신도주의(Staats-Shintoismus)에 저항했어야 했다고 인식되었기 때문 입니다. 한국에서 그리스도인들은 1960년대와 1970년대 군사 독재 에 대항한 투쟁에서 본회퍼의 정치적 저항을 언급했습니다. 그의 생 애 이야기는 사람들로 하여금 저항하도록 장려했고, 고통을 피하지 않는 이 세상의 그리스도교에 대한 그의 초대는 그들이 자신들의 고 통을 견디는 데 도움이 되었습니다. 본회퍼는 정의, 인권, 민주주의를 위해 헌신하는 한국의 민중신학에 통합되었습니다.

정치적인 동기 외에도 디트리히 본회퍼가 전 세계적으로 인기가 있는 완전히 다른 이유도 있습니다. 그의 텍스트, 특히 시뿐만 아니라 다른 간결한 진술도 감사선물용 책들, 포스터들 및 엽서들을 만들기에 탁월하게 적합합니다. 그의 사상에서 영감을 얻기 위해 책 전체를 읽을 필요는 없었습니다. 다른 매체도 접근을 가능하게 했습니다. 본회퍼의 시(詩) 일부는 작곡되었고, 그의 삶은 오라토리오와 연극, 소설, 영화, 다큐멘터리로 제작되었으며, 화가들과 조각가들이 그를 묘사했습니다. 따라서 본회퍼는 궁극적으로 비학문적인 목표를 추구하기 위해, 그와 함께하는 학문적 작업을 의심하는 것을 버리고, 학문적 신학을 넘어 광범위한 영향을 미쳤습니다.

그러는 사이 본회퍼 수용 자체가 학문적인 작업의 대상이 되었습니다. 거의 모든 동시대의 증인과 1세대 본회퍼 연구가들은 더 이상 살아 있지 않으며, 2세대 학자들은 은퇴하였습니다. 젊은 연구자들에게 "제삼제국"(Dritte Reich)은 먼 길입니다. 그들은 본회퍼의 텍스트뿐만 아니라 지난 수십 년간의 본회퍼 표상들을 정치적 사상사적 맥락에서 훨씬 더 선입견 없이 자유롭게(unbefangener) 볼 수 있습니다. 이러한 역사화는 오늘날의 도덕적 사회정치적 입장에 의해 형성되는 본회퍼에 대한 더 비판적인 시각을 동반합니다. 젠더 문제나 그의 보수적인 정치적 입장에 대한 발언은 비난을 받고 있습니다. 동시에 유대인 구명에 대한 그의 역할과 정치적 저항에 대한 참여는 냉정하게 보이며 이전에 강조했던 그의 독창성은 비판적으로 질문이 제기됩니다. 사막에 있는 외롭고 정의로운 호소자의 표상이 사라집니다. 이와 관련하여 1982년 에버하르트 융엘(Eberhard Jüngel)이 공식화한 요구가 점점 더 고려되고 있습니다.

본회퍼는 그의 저작을 중심으로 성장했지만, 신학적으로 확고부동한
종교화된 후광(Nimbus)은, 그의 삶의 여정과 폭력을 가했던 마지막으
로 인해 이러한 그의 저작에 많은 해를 끼쳤다. 본회퍼를 위해서 이러한
후광은 파괴되어야 한다. (Das Geheimnis der Stellvertretung, in: ders.,
Wertlose Wahrheit, 1991, 253)

오늘의 디트리히 본회퍼

본회퍼의 텍스트가 오늘의 독자들에게도 호소력이 있지만, 70년
에서 80년 전에 쓰여졌다는 사실을 간과해서는 안 됩니다. 본회퍼의
통찰력은 다른 사회적 정치적 및 영적 상황과 관련이 있으며 오늘날
에 직접 전달되어서는 안 됩니다. 오늘날 우리는 더 이상 본회퍼의
많은 견해들을 공유할 수 없습니다. 이미 말한 대로, 여기에는 정치에
대한 보수적 이해와 전통적인 가족 이미지가 포함됩니다.

그러나 더 최근의 것인 것처럼 보이는 본회퍼의 입장들에도 너무
가볍게 만들어서는 안 됩니다. 오늘날 우리가 훌륭하고 옳고 당연하
다고 간주하는 그의 결정 중 상당수는 당시 상황에서는 논쟁의 여지
가 없었습니다. 특수한 정치적 상황으로 인해 여러 면에서 있었던 그
의 급진성(Radikalität)과 완강함(Unnachgiebigkeit)은 단순하게 오늘의 시
대로 이어질 수 없습니다. 그런데도 역사화에 그치지 않고 결론적으

로 본회퍼 사상의 주제에 대해 질문하는 것은 충분히 가치가 있는 일입니다. 그것은 우리와 완전히 다른 상황에서 생각하고 판단하도록 자극하는 일에 관한 것일 수 있습니다.

우선 본회퍼는 신앙, 신학, 삶의 연결 고리를 유지해 온 사람으로서 오늘날에도 여전히 흥미롭습니다. 그에게 신앙과 신학은 사적인 또는 학문적 사고게임이 아니라 실존적 의미와 행동에 직접적인 영향을 주었습니다. 반대로 본회퍼는 생활 조건에 따라 신앙과 신학적 사고에 끊임없이 도전을 받았습니다. 그는 새로운 상황에서 더 이상 실행 가능하지 않을 때, 자신의 설명들과 확신들에 의문을 제기했습니다. 그의 사상의 현실에 가까워지는 것은 그가 한때 획득했던 신학적 시스템에 집착하는 것보다 항상 더 중요했습니다. 우리는 자신의 신앙과 자신의 신학을 "처음부터" 계속해서 씨름하고 사랑받았던 것을 재검토하려는 이러한 태도를 본회퍼에게 배울 수 있습니다. 요점은 그리스도교 전통에 작별 인사를 고하는 것이 아니라 현재에 대한 의미를 묻는 것입니다. 이러한 태도는 본회퍼의 핵심 질문인 "오늘 우리에게 그리스도교는 무엇이고, 실제로 예수 그리스도는 누구인가"(was das Christentum oder auch wer Christus heute für uns eigentlich ist)(DBW8, 402)에 요약되어 있습니다.

본회퍼에게 그리스도에 대한 집중은 항상 그리스도교 공동체인 교회가 그리스도교적인 삶에 필요하다는 확신을 동반했습니다. 인간은 스스로를 위해 홀로 그리스도인이 될 수 없고 다른 사람들과 함께할 때 그리스도인이 될 수 있습니다. 이러한 통찰력은 최근 수십 년 동안 개신교에서 항상 주의를 기울인 것은 아닙니다. 교회 없이도 믿을 수 있는 가톨릭과는 달리 개신교 그리스도인의 특별한 특징이 라는 말을 자주 들었습니다. 이것은 그리스도인들이 이미 그리스도 를 믿는 신앙을 통해 서로 연결되어 있다는 사실을 간과합니다. 그들 이 스스로 인식하고 있든 인식하지 못하든 간에 또는 본회퍼가 말한 "그리스도교 공동체는 예수 그리스도를 통해 예수 그리스도 안에 있 는 공동체를 의미합니다"(Christliche Gemeinschaft heißt Gemeinschaft durch Jesus Christus und in Jesus Christus) (DBW 5, 18)처럼 항상 그리스도에 의해 구성된 공동체를 형성합니다. 또한 개별 그리스도인은 다른 그리스 도인이 필요합니다. 왜냐하면 아무도 하나님의 무조건적인 사랑에 대한 그리스도교의 핵심 메시지를 자신에게 말할 수 없기 때문입니 다. 그것은 자기 자신의 판단에서 발견되어서는 안 되며, 다른 사람들 이 그것에 대해 어떤 이에게 설명해야 합니다. 따라서 오늘날에도 본회 퍼의 "[…] 그리스도인에게 하나님의 말씀을 전하는 그리스도인이 [필 요]합니다. 그는 불확실하고 낙담할 때 반복해서 그것을 필요로 합니 다"(DBW 5, 19)라는 경고를 들을 가치가 있습니다.

교회는 물론 개인적인 그리스도교적 존재(Christsein)로서 장소일 뿐만 아니라 특별한 사회적 정치적 기능도 가지고 있습니다. 본회퍼 는 오늘 우리와는 다른 국가교회법적 상황에서 살았음에도 불구하 고, 교회가 "타자를 위해" 있어야 하고 법과 질서(그리고 평화)를 염려 하는 과제를 국가에 상기시키려는 그의 요구는 현실성을 소유합니 다. 그러나 교회는 그것이 더 나은 정치적 실체라고 생각해서는 안

됩니다. 좋은 정치에는 정치적 기술, 상세한 지식 및 훈련된 판단력이 필요합니다. 이러한 것들은 그리스도교 신앙에서 자동으로 부여되지 않는 능력들입니다. 그러나 정치는 항상 일상적인 정치적 세부 사항에서 길을 잃을 위험에 처하거나 최악의 경우 정치적 사명에 대한 방향을 배신할 위험이 있지만, 교회는 국가가 처해 있는 것에 대한 시각을 가지고 있습니다. 그것은 주로 정치적 현실 밖에 있기 때문에 국가 자체의 임무를 상기시킬 수 있습니다.

> (교회는) […] 국가에 합법적인 국가적 행위로서 그 행위에 대한 책임을 받아들일 수 있는지에 대해 반복해서 질문해야 합니다. 다시 말해서, 무법과 무질서가 아닌 법과 질서가 만들어지는 행위가 되어야 합니다. 그렇게 함으로써 그것은 국가 행위의 책임성에 개입하지 않고, 반대로 국가 자체에 국가 고유의 행위에 대한 책임의 온전한 무게를 돌려야 합니다. (DBW 12, 351 f.)

전반적으로 본회퍼의 이러한 제안은 최근 "공공 신학"(Öffentlichen Theologie)이라는 용어로 대체되어 다루어집니다.

본회퍼의 현실성(Aktualität) 역시 최근 몇 년 동안 논란이 되었습니다. 사회학과 신학이 주목한 "종교의 귀환"(Wiederkehr der Religion)을 고려할 때, 인간이 종교 없이 살고 싶어 하는 "종교 상실의 시대"(religionslosen Zeit)가 다가오고 있다는 본회퍼의 주장은 분명히 실현되지 않은 것 같습니다. 그러나 중요한 그리스도교 메시지의 "비종교적 해석"(nichtreligiösen Interpretation)에 대한 본회퍼의 요구는 적절하다고 할 수 있습니다. (위에서 설명한 방식으로 이해한) 종교가 그리스도교 신앙의 본질과 일치하지 않는다는 그의 분석이 옳다면 말입니다. 본회퍼는 종교가 세상을 희생하고 세상을 타락시키면서 발전해서는 안 된다는 것을 상기시킵니다. 종교는 사람들을 세상에서 도망치도록 유도해서는 안 되며, 그들이 이 세상에서 책임 있는 삶을 살도록 도와야 합니다. 본회퍼는 세상에서 도망치는 종교에 반대하는 것뿐만 아니라 종교를 비판하는 믿음이 현대인과 그의 세계에 해롭다는 견해에 반대합니다. 반대로 그는 이의를 제기합니다. "하나님에 대한 믿음, 현대의 자율성 및 세계의 책임이 상호 배타적이지 않다고 믿는 것이 가능합니다. 사람은 지적으로 성숙하고 윤리적으로 독립적일 수 있으며 동시에 하나님을 믿을 수 있습니다."

우리가 직면한 윤리적 결정들은 특히 의학 및 생명 공학 분야에서 글로벌 네트워크와 새로운 기술 가능성으로 인해 그 결과가 점점 더 복잡해지고 어렵고 광범위해지고 있습니다. 새로운 윤리적 질문에 직면하여 원칙의 윤리는 한계에 도달하며, 아직 질문하지 않은 질문을 포함하여 모든 질문에 적용되는 하나의 규범을 알고 있다고 믿습니다. 그러나 양가성에 의해 가려진 어려운 결정을 내리지 않는 심정윤리(Gesinnungs- ethik)조차 우리를 행동할 수 없게 만듭니다. 마지막으로, 재화윤리(Güterethik)는 종종 자신의 행동의 결과를 관리 할 수 없기 때문에 실패합니다. 본회퍼의 책임윤리(Verantwortungsethik)적 접근방식은 이러한 딜레마를 해결하지 못하지만, 각 상황에 대한 냉정한 분

석과 구체적으로 마주친 타자의 필요에 대한 용기 있는 응답을 북돋
우며, 책임감 있는 행동 후 하나님의 용서에 대한 희망에 의해 지탱됩
니다.

아무도 세상에서 하나님 나라를 이루어야 하는 책임을 막지 못합니다.
[…] 책임은 범위와 본질, 즉 양적 질적 측면에서 제한됩니다. […] 세상
을 근본적으로 바꾸려고 하는 것이 아니라, 주어진 장소에서 ―현실의
관점에서― 긴급한 것을 행하고, 이러한 것들을 실제로 행하는 것이 과
제일 수 있습니다. (DBW 6, 224)

예수 따르기의 본보기, 본회퍼

디트리히 본회퍼는 39세의 나이로 단명했습니다. 하지만 워낙 굵직굵직하면서도 알찬 인생을 살았기에 그를 소개하는 평전은 보통 500쪽 이상이 됩니다. 예컨대 Charles Marsh의 영문 평전 *Strange Glory: A Life of Dietrich Bonhoeffer*는 빼곡하게 515쪽이나 되고, 한글로 번역된 에릭 메택시스의 『디트리히 본회퍼』는 무려 827쪽이나 됩니다. 그러기에 본회퍼의 삶과 사상을 일목요연하게 중요한 핵심만 추린 전기물 겸 신학 해설서가 필요했는데, 독일과 스위스에서 활약하고 있는 여류 신학자 크리스티아네 티츠(Christiane Tietz, 1967~)의 *Dietrich Bonhoeffer: Theologe im Widerstand*가 제격입니다. 독자들의 이런 욕구를 충족시켜서인지 이 책은 *Theologian of Resistance: The Life & Thought of Dietrich Bonhoeffer*라는 제목으로 영어로도 번역돼 호평을 받았습니다.

티츠는 *Karl Barth: Ein Leben im Widerspruch*라는 바르트 평전을 내기도 했는데, 바르트의 신학적 깊이와 그동안 잘 알려지지 않은 흥미진진한 에피소드까지 발굴해내 기존의 바르트 평전과는 사뭇 다른 묘미를 자아냈습니다. 이처럼 티츠는 조직신학자이면서 위대한 사상가의 전기물까지 다룰 줄 아는 이색적인 역량을 갖춘 학자로 보입니다.

본회퍼를 처음으로 접하는 독자들을 위해 제가 여기에 덧붙이는 본회퍼의 삶에 대한 간략한 스케치도 티츠의 책과 함께 읽으면 좋을 것입니다.

*　　*　　*　　*　　*

본회퍼, 최후의 순간

디트리히 본회퍼(Dietrich Bonhoeffer, 1906~1945)는 20세기의 최고 신학자 칼 바르트(Karl Barth, 1886~1968)나 폴 틸리히(Paul Tillich, 1886~1965)에 버금가는 대신학자입니다. 본회퍼는 나치에 저항하다가 순교한 목회자요 신학자라는 점에서 남다른 주목을 받지만, 정작 교회사에 길이 남을 대사상가라는 점은 충분히 관심을 끌지 못합니다.

본회퍼는 제2차 세계대전이 종식되기 불과 몇 주 전, 1945년 4월 9일 독일 플로센뷔르크(Flossenbürg) 수용소에서 교수형을 당합니다. 히틀러 암살 음모에 가담했다는 죄목으로 매우 잔인하게 처형됩니다. 히틀러는 자신을 암살하기 위한 '발퀴레 작전'(Unternehmen Walküre, 1944년 7월)이 실패로 끝나 간신히 목숨을 건집니다. 사선(死線)을 넘었다가 천신만고(千辛萬苦) 끝에 살아난 히틀러는 이내 자신의 암살 계획에 조금이라도 참여한 기미가 있는 사람들에게 단말마(斷末魔)의 가혹한 복수를 하라고 지시합니다. 사실 본회퍼의 반(反)나치 저항은 목사답게 신사적이었고, 교수형을 당할 만큼 무겁지 않았음에도 히틀러의 격분을 삭이기에는 역부족이었습니다.

찰스 말쉬(Charles Marsh)가 쓴 전기 *Strange Glory: A Life of Dietrich Bonhoeffer* (2014)에 따르면 본회퍼는 매우 잔혹한 방법으로 목숨을 잃습니다. 1945년 4월 8일 한밤중에 급히 소집된 즉결 군사 재판에서 나치 친위대(Schutstaffel, SS) 재판장 오토 토르루크(Otto Thorluck)는 어떤 증인도 허락하지 않고 피고의 최후 변론도 듣지 않은 채 사형선고를 내립니다. 이튿날 4월 9일 오전 6시 본회퍼는 다섯 명의 다른 수감자들과 함께 교수대에 오릅니다. 처형장으로 끌려가기 전 본회퍼가 남긴 마지막 말입니다. "이로써 끝입니다. 그러나 나에게는 삶의 시작입니다." 본회퍼가 영국 주재 독일인들을 위해 런던에서 목회하던 시절(1934~35)에 한 설교가 떠오릅니다.

우리가 젊었느냐 늙었느냐는 중요하지 않습니다. 20년이든 30년이든 50년이든 하나님 앞에서 무슨 차이가 있겠습니까? 자기가 이미 목적지에 가까이 이르렀는지, 우리 중 누가 알겠습니까? 세상살이가 끝날 때에만 삶은 시작됩니다. … 죽음이 공포의 대상인 것은 사람이 죽음을 두려워하고 무서워하며 살기 때문입니다. 우리가 잠잠히 하나님의 말씀을 굳게 붙잡는다면, 죽음은 사납지도 무섭지도 않을 것입니다. … 죽음은 하나님을 믿는 이들에게 하나님이 베푸시는 은총이며, 가장 큰 은혜의 선물입니다.

사형 집행관들은 본회퍼를 비롯한 사형수들에게 실오라기 하나 걸치지 않고 옷을 벗게 합니다. 죄수복을 벗기 전 본회퍼는 무릎을 꿇고 기도합니다. 형장에서 다시 한 번 짤막한 기도를 올린 본회퍼는 용감하고 침착하게 교수대에 오른 뒤 몇 초 후에 눈을 감습니다. 그런데 말쉬는 조금 더 새로운 사실을 들려줍니다.

1945년 4월 9일 본회퍼와 다섯 수인(囚人)의 사형집행은 오전 6시부터 정오 12시까지 장장 여섯 시간 동안 지속됩니다. 덴마크의 반나치 운동가 외르겐 모르겐센(Jørgen Morgensen)의 증언입니다.

교수대의 올가미는 보통 사람의 몸무게를 지탱하기에 줄었다 늘었다 신축성이 있었을 것입니다. 밧줄의 적당한 길이를 고려할 때 희생자의 발이 바닥에 닿을 듯 말 듯 했겠지요. 교수대에 매달린 시간이 길었을 것이라는 추측은 이런 식으로 설명될 수 있습니다.

본회퍼의 시신은 즉각 소각됩니다. 21세의 꽃다운 약혼녀 마리아 폰 베데마이어(Maria von Wedemeyer, 1924~1977)를 남겨둔 채 39세를 일기로 눈을 감았습니다.

92호 감방에서 온 편지들

본회퍼는 1943년 1월에 자신의 제자였던 19세의 마리아와 18세라는 연령차를 뛰어넘어 약혼하지만, 3개월 만에 게슈타포의 가택수색으로 체포돼 베를린 테겔(Tegel) 형무소에 수감됩니다. 테겔에서 18개월 구금된 기간에 마리아와 주고받은 편지들은 1992년에 *Brautbriefe Zelle 92*(약혼녀가 92호 감방에 보낸 편지, 한국에서는 『옥중연서』로 출간)로 출판돼서 많은 이들의 심금(心琴)을 울립니다.

본회퍼의 제자요 친구이자 조카사위로서 본회퍼 사상의 복원에 지대한 공헌을 한 에버하르트 베트게(Eberhard Bethge, 1909~2000)가 본회퍼와 주고받은 개인 서신들을 모아서 *Widerstand und Ergebung*(저항과 복종)이라는 제목으로 1951년에 출판한 『옥중서신』은 전후(戰後)에 본격적인 '본회퍼 사상의 복원과 연구'를 알리는 신호탄이 됩니다. 이 책에 실린 두 편의 시가 눈길을 끕니다.

나는 누구인가? 남들은 종종 내게 말하기를 감방에서 나오는 나의 모습이 어찌나 침착하고 쾌활하고 확고한지 마치 성에서 나오는 영주(領主) 같다는데. 나는 누구인가? 남들은 종종 내게 말하기를 간수들과 대화하는 내 모습이 어찌나 자유롭고 사근사근하고 밝은지 마치 내가 명령하는 것 같다는데. 나는 누구인가? 남들은 종종 내게 말하기를 불행한 나날을 견디는 내 모습이 어찌나 한결같고 벙글거리고 당당한지 늘 승리하는 사람 같다는데. 남들이 말하는 **내가 참 나인가? 나 스스로 아는 내가** 참 나인가? 새장에 갇힌 새처럼 불안하고 그립고 병약한 나 목 졸린 사람처럼 숨을 쉬려고 버둥거리는 나 빛깔과 꽃, 새소리에 주리고 따스한 말과 따스한 인정에 목말라 하는 나 방자함과 사소한 모욕에도 치를 떠는 나 좋은 일을 학수고대(鶴首苦待)하며 서성거리는 나 멀리 있는 벗의 신변을 무력하게 걱정하는 나 기도에도, 생각에도, 일에도 지쳐 멍한 나 풀이 죽어 작별을 준비하는 나인데. 나는 누구인가? 이것이 나인가? 저것이 나인가? 오늘은 이 사람이고 내일은 저 사람인가? 둘 다인 가? (1943년 7월 테겔에서 베트게에게 보낸 편지에서)

자유를 찾아 나서거려든, 먼저 감각과 그대의 영혼을 훈련하는 법을 익혀, 욕망과 그대의 지체가 그대를 이리저리 끌고 다니지 못하게 하여라. 그대의 정신과 그대의 몸을 순결하게 하고, 그대 자신에게 완전히 복종시켜, 정해진 목표를 순순히 추구하게 하라. **훈련**을 통하지 않고는 누구도 **자유의 신비**를 경험할 수 없음이니. (1944년 7월, 감옥에서 쓴 연작시 "자유에 이르는 길 위의 정거장들"의 '훈련'에서)

본회퍼 생애의 편린(片鱗)들

디트리히 본회퍼는 1906년 2월 4일, 오늘날은 폴란드 영토로 바뀐 독일 브레슬라우(Breslau)에서 칼 본회퍼(Karl Bonhoeffer, 1868~1948)와 파울라 폰 하제(Paula von Hase, 1876~1951)의 8남매 가운데 여섯째로 태어납니다. 여동생 자비네(Sabine, 1906~1999)와 이란성 쌍둥이였습니다. 본회퍼의 양가(兩家)는 유럽 최고의 명문가였습니다. 본래 네덜란드 출신인 본회퍼가(家)는 16세기 초에 독일로 이주했습니다. 'Bonhoeffer'는 "콩을 재배하는 농사꾼"을 뜻하는데, 이주 초기에는 금 세공사로 일했지만, 세월이 흐르면서 의사, 목사, 판사, 교수, 변호사 등의 전문

직종의 엘리트를 배출하는 명문가로 명성을 쌓았습니다.

본회퍼의 조부 프리드리히 토비아스 본회퍼(Friedrich Tobias Bonhoeffer, 1828～1907)는 뷔르템베르크의 고등법원 판사였으며, 울름 주의 지방법원장으로 은퇴했습니다. 본회퍼의 외가도 만만치 않습니다. 외증조부 칼 아우구스트 폰 하제(Karl August von Hase, 1800～1890)는 예나 대학의 유명한 교회사가였으며, 외조부 칼 알프레트 폰 하제(Karl Alfred von Hase, 1842～1914)는 황제 빌헬름 2세의 궁정 목사였습니다. 그다지 기독교적 가풍이 아닌 집안에서 본회퍼가 뛰어난 신학자요 고결한 목사가 된 것은 외가 쪽 영향 때문입니다.

당대 최고의 엘리트 가문에서 자라난 칼과 파울라는 1898년에 결혼해서 10년간 8남매를 낳습니다. 칼은 브레슬라우 대학교에서 정신의학과 신경학을 가르친 저명한 교수이자 병원장이었습니다. 자연과학자답게 매우 이성적이고 현실적인 사람이었지요. 쓸데없는 농담을 하지 않았고 과묵한 편이었습니다. 둘째 아들 발터(Walter)가 제1차 세계대전에서 전사했다는 소식을 들었을 때에도 서재에 들어가 의자에 주저앉아 책상 위에 몸을 수그린 채 두 팔로 머리를 감싸는 것으로 슬픔을 삼켰습니다. 어머니 파울라는 훨씬 더 다정다감하고 종교적이고 음악과 미술을 비롯한 예술의 애호가(愛好家)였습니다. 본회퍼가 뛰어난 피아노 연주자로서 음악에 탁월한 재능을 보인 것은 어머니 덕분이었습니다.

본회퍼 집안은 히틀러 치하에서 반나치 운동을 벌이다가 순교한 가문으로 유명한데, 본회퍼뿐만 아니라 셋째 형 클라우스(Klaus)와 큰 매형 뤼디거(Rüdiger Schleicher, 1895~1945)와 둘째 매형 한스 폰 도나니 (Hans von Dohnanyi, 1902~1945)도 순교했습니다. 세 사람은 모두 저명한 법학자이자 법률가였습니다. 한 집안에서 네 명의 순교자가 나온 것 이지요.

본회퍼의 신학수업과 목회여정

본회퍼가 여섯 살 되던 1912년에 아버지 칼이 베를린 대학교의 정 신의학 및 신경학 교수로 임명되면서 식구들은 베를린으로 이주합니 다. 본회퍼는 아버지가 공부한 튀빙엔 대학에서 신학 공부를 하다가 베를린 대학으로 돌아와 1927년 약관 21세의 나이에 *Sanctorum Communio*(성도의 교제)라는 논문을 써서 신학박사 학위를 받습니다. 신동이 출현했다고 독일 신학계가 들썩거렸습니다. 연이어 1930년 24세의 나이로 그 어렵다는 교수자격 취득 논문(Habiltationschrift)으로 서 *Akt und Sein*(행위와 존재)이 통과됨으로써 저명한 교수가 될 수 있는 대로가 활짝 열립니다.

하지만 '신명'(神命/destiny/Geshick, 하나님이 정해주신 운명)이라는 말도 있듯이, 뜻밖에도 본회퍼는 학계로 빠지지 않고 목회 현장을 전전 하게 됩니다. 그는 1920~30년대 '문화 개신교주의'(Kulturprotestantismus) 로 지칭되는 '자유주의 신학'을 경멸했고, 대학에서 벌어지는 상아탑 신학을 '겨울 신학'으로 혹평합니다. 본회퍼가 죽을 때까지 지향한 신 학은 '학계의 겨울 신학'이 아니라, 생활 현장에서 그리스도 예수를 따르는 제자도에 충실하는 '봄의 신학'과 '여름의 신학'이었습니다. 그러기에 자유주의 신학에 맹공을 퍼부으며 신정통주의 신학을 주창한 바르트에 본회퍼가 적극적으로 동조한 것은 자연스럽습니다.

1920~40년대 격랑이 휘몰아친 유럽에서 본회퍼만큼 국제적 안목을 갖춘 신학자는 찾아보기 어렵습니다. 유럽 전역은 물론이고 그 당시만 해도 엄청나게 먼 거리인 미국에도 두 차례 방문해서, 미국 문화의 정수(精髓)를 밑바닥에서 체험합니다. 1930~31년에 뉴욕의 유니온신학교에 교환학생으로 있을 때, 특히 뉴욕 할렘가의 흑인 교회에 출석하면서 '흑인 영성'에 깊은 감화를 받고 흑인 인권투쟁에 지대한 관심을 보입니다. 본회퍼는 친구와 함께 차를 빌려 타고 뉴욕에서 텍사스, 루이지애나주까지 여행하고, 멕시코와 쿠바까지 다녀옵니다. 스페인 바르셀로나에서 독일인들을 위한 이민자 목회를 하고, 영국 런던에서도 18개월간 이주민 목회를 합니다. 1930년대 초반에는 아버지가 선물로 사준 아우디(Audi) 무개차(無蓋車)를 타고 독일 전역과 유럽 여러 나라를 여행합니다. 실로 본회퍼는 당대 최고의 국제적 감각을 갖추고 '지구촌 교회일치 신학'(global & ecumenical theology)을 추구합니다.

본회퍼의 반나치 저항운동

뭐니 뭐니 해도 '본회퍼' 하면 반나치 저항운동의 중심에 섰다는 사실을 빼놓을 수 없습니다. 1933년 '제삼제국'(Drittes Reich)이 출범함으로써 히틀러의 나치 전체주의가 독일 전역을 장악합니다. 루터와 괴테와 실러와 바흐의 나라가 극우 민족주의 미치광이들의 손아귀에 들어간 것이지요! 나치는 '아리안 조항'(Arian Paragraph)이라는 희대의 법조문을 만들어 공무원은 무조건 아리안족이어야 한다며, 모든 유대계 혈통을 공직에서 몰아냅니다. 본회퍼는 반(反)유대주의를 반대하는 운동의 최전선에 서서 유대인 보호를 위해 목소리를 높입니다. "유대인과 함께하지 않는 교회는 예수 그리스도의 교회가 아니라"고 주장합니다. 그러나 유대인 상점 불매운동이 전국적으로 전개되고, 유대인이 쓴 서적 수천 권이 소각됩니다. 일찍이 유대계 독일 시인 하이네(Heinrich Heine, 1797~1856)가 *Almansor*라는 희곡에서 예언한 말이 현실이 됐지요. "책이 소각되는 곳에서는 결국 인간도 소각될 것이다."

문제는 거반 독일 교회 전체가 히틀러와 나치를 지지하는 극우 세력으로 변질되고 있는 현실입니다. 히틀러는 예수를 "우리의 가장 위대한 아리안 영웅"으로 치켜세우며 기독교를 나치를 정당화하는 이데올로기 종교로 만들고자 했고, 결국 대부분의 성직자와 신학자를 포섭(包攝)해서 자신과 나치를 지지하는 '독일 제국교회'로 흡수합니다. 나치를 추종하는 '제국교회'를 반대해서 나온 교회가 '고백교회'(Bekennende Kirche)인데, 이 고백교회 운동의 중심에 선 인물이 본회퍼입니다. 고백교회의 전초(前哨) 작업이 된 '베텔 신앙 고백'(Betheler Bekenntnis)과 그 유명한 '바르멘 선언'(Barmer Theologische Erklärung)에도 주도적인 역할을 합니다. 마침내 1934년 5월 나치와 제국교회를 반대하는 지도자들이 바르멘에 모여서 총회를 열고 바르멘 선언문을 채

택함으로써 '고백교회'가 탄생합니다.

본회퍼는 나치에 항거하는 고백교회의 목회자들을 양성하기 위해 설립된 칭스트(Zingst) 신학원과 핑켄발데(Finkenwalde) 신학원의 원장으로 봉직합니다. 신학생들 사이에서도 지나치게 율법주의적이라는 반발이 터져 나올 정도로 칭스트와 핑켄발데 신학원은 수도원 공동체의 엄격한 훈련과 순결성을 강조합니다. (아아! 2014년 독일에서 한 학기 공부하는 동안 동료들과 함께 지금은 폴란드 영토가 된 핑켄발데를 방문해서 여러 컷의 사진도 찍었건만, 그때까지만 해도 본회퍼를 막연히만 알고 있어서 큰 감흥이 일지 않았습니다. "아는 만큼 보이고 느낀다"는 말은 진리입니다!)

본회퍼는 점점 더 조여오는 게슈타포의 압박을 견뎌내기 어려워집니다. 1936년에 교수 자격을 박탈당하고, 1937년에는 핑켄발데 신학원이 폐쇄됩니다. 잠시 흔들린 본회퍼는 1939년 6월 2일 뉴욕 유니온신학교의 초청을 받아 미국으로 떠나지만, 7월 26일 독일로 되돌아옵니다. 틸리히처럼 미국으로 망명해서 세계적인 신학자가 될 수 있는 발판이 마련됐지만, 위기의 소용돌이에 빠진 독일 교회를 외면할 수 없어서 귀국을 결심한 것이지요. 그 이후에 본회퍼는 나치의 폭압을 막기 위해 주로 국제적인 공조(共助)를 얻는 일에 주력합니다. 영어를 능숙하게 구사하고 국제적인 감각을 갖춘 본회퍼는 스위스와 덴마크, 노르웨이, 스웨덴 등지에서 열린 세계적인 기독교 대회에 차례로 참가해서 독일의 급박한 사정을 알리고 국제적 연대를 촉구합니다. 이런 국제 대회에서 만난 영국 성공회 주교 조지 벨(George Bell, 1883

~1958)은 본회퍼의 든든한 후원자이자 막역한 친구가 돼서, 전후 본회퍼 추모와 복원 사업에도 큰 역할을 합니다.

1943년 4월 5일, 자택을 급습한 게슈타포에 의해 본회퍼는 둘째 누나 크리스티네와 매형 한스 폰 도나니와 함께 체포돼 베를린 테겔 형무소에 수감됩니다. 1944년 10월 프린츠 알브레히트 슈트라세(Prinz Albrecht Straße) 게슈타포 지하 감옥으로 이송되고, 1945년 2월 7일에는 부헨발트(Buchenwald) 강제수용소로, 그해 4월 3일 레겐스부르크(Regensburg)로, 4월 6일 쇤베르크(Schönberg)로 이송되다가, 마침내 4월 8일 플로센뷔르크(Flossenbürg)로 이감돼 야간에 즉결 재판으로 사형 선고를 받고 4월 9일 오전 6시에 순교자의 반열에 듭니다.

'값싼 은혜'에서 '값비싼 은혜'로

본회퍼는 그가 살았던 시대가 워낙 격동으로 소용돌이쳤기에 조직적이고 체계적인 신학을 수립할 수 없었습니다. 천재성을 충분히 발현하지 못한 채, 39세의 젊은 나이에 너무 일찍 갔습니다. 그리하여 긴박하고 불안정한 상황에서 끝없이 자의 반 타의 반 옮겨 다니며 그때그때마다의 상황에 응답하는 식의 신학을 전개해야 했기에 후학들이 평생 씨름해야 할 화두(話頭)만 던졌다고 해도 과언이 아닙니다.

이런 한계에도 불구하고 본회퍼가 생전에 혹은 사후에 발표한 저서들은 70년 이상의 시간이 지난 지금까지도 지대한 영향을 미치고 있습니다. 특히 *Schöpfung und Fall*(창조와 타락, 1933), *Nachfolge*(나를 따르라, 1937), *Gemeinsamens Leben*(신도의 공동생활, 1939), *Das Gebetebuch der Bibel: Eine Einführung in die Psalmen*(성서의 기도서: 시편 개론, 1940)과 본회퍼 사후에 출간된 옥중서신 *Widerstand und Ergebung*(저항과 복종, 1951) 등은 본회퍼 특유의 천재적 독창성이 고스란히 내장된 불후의 고전들입니다.

무엇보다도 본회퍼 최후의 대작은 *Ethik*(윤리학) 원고입니다. 1941년부터 글 쓰는 것을 금지당하지만, 양차 대전 후에 독일을 비롯한 유럽 전체를 어떻게 재건할 것인가를 고심하며 불안정한 상황에서도 꾸준히 집필에 전념한 책이지요. 1940년 여름부터 쓰기 시작한 윤리학 원고는 1943년 4월 5일에 체포되면서 미완성으로 중단됩니다. 본회퍼가 옥중에서 가장 갈망한 것도 이 책의 완성이었는데, 베트게가 본회퍼의 책상 위에 있던 원고 뭉치를 감춰 보관하다가 본회퍼 사후에 다양하게 흩어진 원고들을 순서대로 정리해서 1949년에 출간합니다. 300쪽이 넘는 *Ethik*은 *Nachfolge, Gemeinsamens Leben*과 더불어 가장 완성도가 높은 저술로 각광을 받고 있습니다.

본회퍼는 평생 예수 그리스도의 충성스러운 제자로 살다가 간 분입니다. 그의 전(全)저술물을 관통하는 가장 중요한 두 가지 주제는 '예수 그리스도'와 '교회 공동체'입니다. 자본주의 물량주의 승리주의 등등, 온갖 세속 문화가 교회 안에까지 깊숙이 침투한 나머지 길을 잃고 표류하는 한국교회에 던지는 본회퍼의 일갈(一喝)은 다음의 글에서 벼락처럼 다가옵니다.

'값싼 은혜'(billige Gnade)는 우리 교회의 숙적(宿敵)이다. 오늘 우리의 투쟁은 '값비싼 은혜'(teure Gnade)를 얻기 위한 투쟁이다. 값싼 은혜란 투매(投賣) 상품인 은혜, 헐값에 팔리는 용서, 헐값에 팔리는 위로, 헐값에 팔리는 성찬, 교회의 무진장한 저장고에서 무분별한 손으로 거침없이 무한정 쏟아내는 은혜, 대가나 희생을 전혀 요구하지 않는 은혜를 말한다. … 값싼 은혜는 죄인을 의롭다 인정하는 것이 아니라, 죄를 의롭다 인정한 것이라고 말할 수 있다. … 곧 예수 그리스도를 따르지 말고, 은혜로 만족하라는 것이다! 바로 이것이 [죄인이 아닌] 죄를 의롭다 인정하는 값싼 은혜이다. … 값싼 은혜는 회개가 없는 용서의 설교요, 공동체의 징계가 없는 세례요, 죄의 고백이 없는 성찬이요, 개인의 참회가 없는 죄사함이다. 값싼 은혜는 본받음이 없는 은혜, 십자가 없는 은혜, 살아 계신 예수 그리스도, 사람이 되신 예수 그리스도가 없는 은혜다. … 은혜가 값비싼 것은 따르라고 부르기 때문이다. 그것이 은혜인 것은 예수 그리스도를 따르라고 부르기 때문이다. 은혜가 값비싼 것은 사람에게 목숨을 요구하기 때문이다. 그것이 은혜인 것은 사람에게 생명을 선사하기 때문이다. …까마귀처럼 우리는 '값싼 은혜'라는 시체 주위에 모여, 그 시체로부터 독(毒)을 받아 마셨다. 그 결과, '예수 따르기'가 우리에게서 사라지고 말았다. (『나를 따르라』에서)

술에 만취한 어느 자동차 운전자가 베를린 시내(Kurfürstenamm, 베를린 주요 번화가)에서 고속으로 질주할 때, 이 미친 운전자로 말미암아 치여 죽은 사람들의 장례식을 치러주고 그들의 유족들을 위로하는 것이 목사의 유일한 사명이 아니다. 이 술 취한 자를 운전석에서 끌어내리는 것이 더 중요하다. (베를린 테겔 형무소에서 한 수감자가 "그리스도인이요 신학자이면서 어떻게 히틀러에 대한 적극적 저항운동에 참여할 수 있느냐'고 묻자 본회퍼가 대답한 말. Wolf-Dieter Zimmermann이 편저한 『Begegnung mit Dietrich Bonhoeffer: Ein Almanach』, 1964, 60쪽)

김홍규
내리교회 담임목사

옮긴이의 글

이 책의 저자 크리스티아네 티츠 교수(Prof. Dr. Christiane Tietz)도 잘 밝히고 있듯이, 디트리히 본회퍼(Dietrich Bonhoeffer)가 오늘, 여기에서 여전히 매력적으로 다가오는 이유는 그의 삶과 신학이 매우 밀착된 연관관계를 가진다는 점에 있습니다. 티츠 교수는 바로 이러한 점을 간과하지 않고 이 책을 집필하였습니다. 그런 점에서 이 책은 본회퍼에 관한 단순한 전기집이 아니라, 그의 삶 전반에서 태동했던 실존적인 신학의 핵심들을 잘 다루고 있다고 평가할 수 있습니다.

이 책은 본회퍼의 삶과 신학을 재구성할 때 맞추기 어려운 퍼즐들을 찾을 수 있도록 돕는 중요한 책으로 볼 수 있습니다. 또한 잘못된 퍼즐 조각들을 적합한 퍼즐로 대체하도록 돕기도 합니다. 에버하르트 베트게의 본회퍼 전기집(DB)을 비롯한 다른 본회퍼 전기집들과 비교해서 이 책은 분량에 비해 본회퍼의 핵심 사상을 잘 다루고 있을 뿐만 아니라, 그가 살았던 시대에 시대적 사건들도 주도면밀하게 다루고 있습니다. 즉, 티츠 교수의 이 책은 지금껏 본회퍼에 관한 저술들을 읽어왔던 독자들이 궁금해 할 수 있는 독일 나치시대의 중요한 역사적 사건들의 목록들을 본회퍼의 삶과 신학과 연결하면서 꼼꼼히 다루고 있습니다. 티츠 교수의 이러한 작업은 본회퍼의 저작들을 읽고 연구할 때, 당시의 역사적 배경을 간과하지 말아야 한다는 중요한 관점을 제시합니다.

티츠 교수는 이 책의 마지막 장인 에필로그(Epilog)에서 1945년 이후 "본회퍼의 수용"(Die Rezeption Bonhoeffers nach 1945)과 "오늘의 디트리히 본회퍼"(Dietrich Bonhoeffer heute)에 대해 다루고 있습니다. 저는 이부분을 티츠 교수가 이 책에서 가장 강조하고 싶은 내용으로 보고, 독자들에게 그녀의 마음을 오롯이 전달하고자 특별히 경어체로 번역하였습니다.

이 번역을 위해 **티츠 교수의 개인적인 후원**이 있었습니다. 그녀는 스위스 취리히대학교(Universität Zürich) 개신교 신학부 조직신학 교수이며, 오랫동안 세계본회퍼학회(Internationale Bonhoeffer-Gesellschaft) 회장을 역임해왔습니다. 한국어로 이 책이 번역될 수 있도록 물심양면으로 지원해주신, 저의 오랜 친구이자 동료인 티츠 교수님께 진심으로 감사의 인사를 드립니다.

또한 91세의 나이에도 독일에서 추천의 글을 써서 보내 주신, 제 인생의 최고의 친구이자 동료인 일제 퇴트(Dr. Ilse Toedt) 박사님께 깊은 감사를 드립니다. 한국에서도 현 한국본회퍼학회 회장님이신 강성영 총장님(한신대)이 추천의 글을 써 주셨음에 깊은 감사의 말씀을 전해 올립니다. 아울러 본회퍼의 일대기를 아주 잘 정리해주시고, 붙임 글을 써주신 내리교회 김흥규 목사님께도 진심으로 감사의 인사를 드립니다.

독일에서 귀국 후, 2012년 11월부터 부산에서 개척교회를 4년 반동안 섬기고, 이후 부천의 작은 공간에서 지금껏 어려운 삶을 살아가면서도 잘 견뎌주는 세 천사들, 아내 황인영, 두 딸 예진, 예인에게도 한없는 사랑의 마음을 담아 감사드립니다. 본회퍼 연구가로 살아가는 아들이자 사위를 위해 늘 기도해 주시는 부모님과 장인, 장모님께도 감사드립니다. 책이 출판될 때마다 든든한 후원자 되어주시는 사랑하는 형님, 위즈킴 대표 김관호 집사님과 김효진 형수님께도 감사의 인사를 전합니다. 인고의 시간을 견디며 힘든 시기를 지나고 있을 때마다 깊은 신학적 식견과 인문학적 통찰로 대화해 주시며 인생을 담은 위로와 용기와 응원을 보내주시는 존경하는 이인한 목사님(남천성결교회)께도 지면을 빌어 감사의 마음을 남깁니다.

이 번역본은 『디트리히 본회퍼의 타자를 위한 교회』(2018년) 이후 '도서출판 동연'에서 출판되는 저의 둘째 책입니다. 기획부터 출판까지 모든 과정을 허락해 주신 김영호 대표님, 번역된 원고를 처음부터 마지막 부분까지 꼼꼼하게 읽어주시고 독서가 가능한 문장으로 옮겨주신 김구 선생님, 티츠 교수님의 이 책이 한국어로 탄생할 수 있도록 모든 여정을 함께 해주신 동연 가족 여러분들과 관계자분들께 깊은 감사의 인사를 올립니다.

마지막으로 이 번역을 지금, 여기에서 여전히 공동체로 존재하시는 예수 그리스도(Christus als Gemeinde existierend)와 저의 오랜 친구이자 동료인 이 책의 원 저자 크리스티아네 티츠 교수님께 바칩니다.

남은 생애 동안 디트리히 본회퍼의 삶과 신학을 더 소개하고, 새로운 지평들로 다양한 해석들을 통해, 이 땅에서 계속해서 '교회'(Kirche)를 세워 나가는 일에 도움이 되는 일들을 할 것을 다짐하며 기도합니다.

그(조지 벨)에게 "이것이 저에게는 끝이지만 시작이기도 합니다"라고
말해주십시오. 그와 함께 저는 모든 국가적 증오감을 뛰어넘는 우리의
보편적인 그리스도교 형제애의 근본을 믿습니다. 그리고 그에게 우리
의 승리가 확실하다고 말해주십시오. 또한 우리가 마지막으로 만났을
때 그의 말을 결코 잊지 않았다고 그에게 전해 주십시오. (DBW 16, 468,
Übers. C.T.) — 1945년 4월, 디트리히 본회퍼

본회퍼의 삶과 신학의 여정 끝에는 언제나 '그'와 함께하는 새로운
시작이 있습니다.

디트리히 본회퍼를 기억하며
2021년 가을 문턱에 서서
역자 김성호 목사

디트리히 본회퍼 연표와 가계도

1906. 2. 4.	브레슬라우에서 쌍둥이 여동생 자비네와 함께 태어나다.
1912	아버지가 베를린 샤리테(Charité) 의과대학으로 초빙되어, 부활절에 가족이 베를린으로 이사하다.
1918. 4.28.	둘째형 발터가 제1차 세계대전에서 전사하다.
1923. 3. 1.	고등학교 졸업자격고사(Abitur) 합격
	여름학기 튀빙엔에서 신학공부를 시작하다.
1924. 4~6월	형 클라우스와 함께 이탈리아와 북아프리카로 여행하다.
6월부터	베를린에서 신학 공부를 계속하다.
1927.12.17.	라인홀드 제베르크 지도하에 '성도의 교제(Sanctorum Communio). 교회 사회학에 대한 교의학적 연구'로 베를린에서 줌마 쿰 라우데(summa cum laude)로 박사학위를 취득하다. (1930년에 출판됨)
1928. 1.17.	1차 목사고시에 '레히트 굿'(recht gut)으로 합격하다.
2월에	바르셀로나 독일인 교회에서 수련목회자 사역을 시작하다.
1928. 2.	독일로 돌아오다.
	여름학기부터 빌헬름 뤼트게르트의 조교로 일했고 교수자격논문(Habilitation)을 쓰기 시작하다.
1930. 7. 8.	2차 목사고시에 합격하다.
7.18.	조직신학분과 교수자격 논문, '행위와 존재. 조직신학 내에서의 초월철학과 존재론'을 쓰다. (1931년에 출판됨)
9월부터	뉴욕에 있는 유니온신학교에서 연구년을 시작하다.
1931. 6월	미국에서 돌아오다.

7월	본에서 3주간 칼 바르트를 만나다.
8월부터	빌헬름 뤼트게르트의 조교로 일하다.
9.1~5.	켐브리지에서 열린, 세계교회친선연맹 대회에 참석하다. 세계연맹의 세 간사 중 한 명으로 선출되다.
11. 2.	베를린 대학교에서 사강사로 강의를 시작하다.
11.15.	베를린 마태교회에서 목사안수를 받다.
	샬롯텐부르크 공대에서 교목직을 넘겨받다.
	베를린-미테의 시온교회에서 견진례 수업을 하다.
1932. 3.19~29.	프리드리히 부룬에서 견진례대상자들과 휴가를 보내다.
7.20~30.	체르노후르스케 쿠펠레에서 열린 세계연합의 청년-평화회의에 참석하다.
8.25~31.	글랑에서 열린 세계교회친선연맹과 실천적 그리스도교를 위한 에큐메니칼 협의회와의 연합 청년회의에 참석하다.
겨울학기	창조의 죄(Schöpfung und Sünde) 강의를 하다. (1933년 『창조와 타락』으로 출판됨)
1933. 1.30.	아돌프 히틀러가 제국수상이 되다.
2. 1.	'젊은 세대 안에서의 지도자와 개인'이라는 주제로 라디오 강연을 하다.
4. 7.	전문공무원 복원을 위한 법률이 공포되다.(소위 아리안 조항과 함께)
4월	논문 '유대인 문제 앞에서의 교회'를 쓰다.
여름학기	그리스도론 강의를 하다.
8월	베텔 고백문에 참여하다.
9. 5~6.	구프로이센연합이 교회로의 아리안조항을 수용하다.
9.11.	마르틴 니묄러와 여러 명이 함께 목사긴급동맹을 만들다.
9.27.	비텐베르크 전국총회에 대한 항의각서를 만들다.

10.17.	런던에 있는 두 곳의 독일인 교회 이민목회를 시작하다.
11.13.	스포츠팔라스트 시위가 있었다.
1934. 2. 8~9.	테오도르 헤켈이 런던에서 교회 해외사무국 담당관으로 임명되다.
5.31.	부퍼탈-바르멘에서 독일 개신교회 고백총회를 통해 바르멘 신학선언이 발표되다.
8.18~30.	파뇌에서 세계(교회친선)연합과 에큐메니칼 협의회 총회에 참석하고, '교회와 민족세계'를 강연하다.
1935. 초	영국에 있는 그리스도교 공동체를 방문하다.
4.15.	독일로 귀국하다.
4.26.	처음에는 칭스트에서, 6월부터는 핑켄발데에서, 고백교회의 설교학세미나의 교장직을 수행하다. 에버하르트 베트게는 첫 번째 과정에 참여하다. 모든 다섯 개의 과정의 강의들은 『나를 따르라』에 수록되다. (1937년에 출판됨) 루트 폰 클라이스트-레트초프와 그의 손녀 마리아 폰 베데마이어를 알게 되다.
가을	『나를 따르라』에 관한 베를린에 설교학 세미나 겨울학기 과정의 업무를 수행하기 위해 형제의 집을 설립하다.
12. 2.	'독일 개신교회 보호법 시행령 제5조', 고백교회의 목사고시, 목사안수 금지되다.
1936. 2.29~ 3.10.	세미나 참가자들과 덴마크과 스웨덴으로 여행하다.
6월	논문 '교회 공동체에 관한 질문'을 쓰다.
8. 5.	사강사로서 가르치는 자격을 박탈당하다.
8.21~25.	챔비에서 열린 에큐메니칼 협의회에 참석하다.
1937. 7. 1.	마틴 니묄러가 체포되다.
8.29.	고백교회의 설교학 세미나 운영이 금지되다.
9.28.	게슈타포가 핑켄발데 설교학 세미나에 폐쇄 명령을 내

리다.

12. 5.	힌터폼메른에 있는 불법 수련목회자들 모임에서 설교학 교육을 계속하다.
1938. 1.11.	베를린에서의 체류를 금지당하다.
4.20.	모든 목회자들이 히틀러에 대한 충성을 맹세하다.
9. 9.	자비네와 게르하르트 라이프홀츠가 영국으로 망명하다.
9~10월	『신도의 공동생활』의 배경이 된 핑켄발데의 경험들의 탈고(脫稿). (1939년 출판됨)
11. 9.	수정의 밤(Reichspogromnacht) 사건이 있었다.
1939. 3~4월	런던에 있는 그의 여동생인 자비네를 방문하다. 벨 주교, 빌헬름 비서트 후프트, 라인홀드 니버를 만나다.
6. 2.	형 칼-프리드리히와 런던을 경유하여 뉴욕으로 출발하다.
6.12.	뉴욕에 도착하다.
6.20.	독일로 돌아갈 것을 결심하다.
7. 7~8.	뉴욕을 떠나 런던을 경유하는 귀국길에 오르다.
7.26.	독일에 도착하다.
9. 1.	히틀러 폴란드 점령, 제2차 세계대전 시작되다.
10월 말	지구르츠호프에서 마지막 수련목회자 과정을 시작하다.
1940.	『성서의 기도서. 시편입문』 출판.
3.18.	게슈타포에 의해 수련목회자모임이 폐쇄되다.
8.22.	이동범위 제한, 발언 금지조치를 당하다.
아마도 10월부터	국방군 최고사령부 소속 해외/방첩대의 정보원으로 활동함: 그의 매제 한스 폰 도나니 를 통해 중재됨. 뮌헨 지부에 배속되다.
	『윤리학』 원고 집필 시작 (1949년에 에버하르트 베트게에 의해 출판됨), 특히 1940년 11월부터 1941년 2월까지

	에탈에 있는 베네딕트수도원에서 집중적으로 쓰다.
1941. 3.19.	인쇄 및 출판 금지를 당하다.
2.24~ 3.24/	방첩대 업무차 스위스로 (1차, 2차)출장을 가다.
8.29~ 9.26	
1942. 4.10~18.	헬무트 제임스 폰 몰트케와 함께 노르웨이로 출장을 가다.
5.11~26	스위스로 3차 출장을 가다.
5.30~ 6. 2	스웨덴으로 출장, 벨 주교와 만나다.
6. 8.	마리아 폰 베데마이어와 재회하다.
6.26~ 7.10	한스 폰 도나니와 함께 이탈리아로 출장, 바티칸에서 대담을 하다.
1943. 1.13.	마리아 폰 베데마이어와 약혼을 하다.
4. 5.	한스 폰 도나니, 그의 부인 크리스티네와 함께 체포되다. 베를린 테겔에 있는 국방군 수사감옥에 본회퍼가 수감되다.
	만프레드 뢰더에 의해 심문받다.
	부모님에게 편지를 쓰다, 여름부터는 약혼자에게도 편지를 쓰다(1992년에 『약혼자 편지, 감방 92(Brautbriefe Zelle 92)』로 출판됨). 11월부터 에버하르트 베트게에게 편지를 쓰다(부모에게 쓴 편지들과 함께 1951년에 『저항과 복종』으로 출판됨).
1944. 7.20.	클라우스 쉔크 폰 슈타우펜베르크 대령 암살시도 실패하다.
9.22.	초센에서 도나니의 비밀기록보관소가 발견되다.
10. 1.	클라우스 본회퍼가 체포되다.
10. 8.	제국보안본부의 지하감옥으로 이송되다.
1945. 2. 7.	다른 수감자들과 함께 부켄발트 강제수용소로 이송되다.
4. 3.	부켄발트 강제수용소에서 압송되다.

4. 6.	바이에른 숲의 쇤베르크를 경유하다.
4. 8.	플로센뷔르크 도착 후 군사법원에 의해 사형선고를 받다.
4. 9.	플로센뷔르크에서 한스 오스터와 빌헬름 카나리스와 함께 교수형으로 사망하다.

본회퍼 가계도

칼 본회퍼(1868-1948) ⓒⓓ 파울라 본 하제(1876-1951)

| 칼 프리드리히
(1899-1957)
ⓒⓓ
마가레테 폰 도나니 | 클라우스(1901)
1945 사형됨
ⓒⓓ
에미 델브뤽 | 크리스티네
(1903-1965)
ⓒⓓ
한스 폰 도나니
1945 사형됨 | 자비네
(1906-1999)
ⓒⓓ
게르하르트
라이프홀츠 |

| 발터(1899)
1918 전사 | 우줄라
(1902-1983)
ⓒⓓ
뤼디거 슐라이허
1945 사형됨 | 디트리히(1906)
1945 사형됨
ⓒⓓ
마리아 폰
베데마이어와 약혼 | 수잔네
(1909-1991)
ⓒⓓ
발터 드레스 |

참고문헌

본회퍼의 원문

Bonhoeffer, Dietrich. *Werke* (DBW). 17 Bände, München/Gütersloh 1986-1999.

Dietrich Bonhoeffer, Maria von Wedemeyer. *Brautbriefe Zelle 92. 1943-1945.* hg. von Ruth-Alice von Bismarck und Ulrich Kabitz, München 1992.

Dietrich Bonhoeffer Auswahl. 6 Bde., hg. von Christian Gremmels und Wolfgang Huber, Gütersloh 2006.

그 밖의 주요 문헌

Die Barmer Theologische Erklärung. Einführung und Dokumentation. hg. von Alfred Burgsmüller und Rudolf Weth, Neukirchen-Vluyn 61998.

Barth, Friederike. *Die Wirklichkeit des Guten. Dietrich Bonhoeffers «Ethik» und ihr philosophischer Hintergrund.* Tübingen 2011.

Besier, Gerhard. *Die Kirchen und das Dritte Reich. Spaltungen und Abwehrkämpfe 1934-1937.* Berlin 2001.

Bethge, Eberhard. *Dietrich Bonhoeffer. Theologe – Christ – Zeitgenosse. Eine Biographie.* Gütersloh 9 2005.

Dietrich Bonhoeffer Jahrbuch. Bd. 1 ff., Gütersloh 2003 ff.

Dramm, Sabine. *Dietrich Bonhoeffer. Eine Einführung in sein Denken.* Gütersloh 2001.

_____. *V-Mann Gottes und der Abwehr? Dietrich Bonhoeffer und der Widerstand.* Gütersloh 2005.

Feil, Ernst. *Die Theologie Dietrich Bonhoeffers. Hermeneutik – Christologie – Weltverständnis.* Berlin 5 2005.

Haynes, Stephen R. *The Bonhoeffer Phenomenon. Portraits of a Protestant Saint.* Minneapolis 2004.

Henkys, Jürgen. *Geheimnis der Freiheit. Die Gedichte Dietrich Bonhoeffers aus der Haft. Biographie – Poesie – Theologie.* Gütersloh 2005.

Huber, Wolfgang. *Dietrich Bonhoeffer. Auf dem Weg zur Freiheit*. München 2019.

International Bonhoeffer Interpretations. Bd. 1 ff., Frankfurt am Main 2008 ff.

Internationales Bonhoeffer-Forum. Bd. 1–10, München 1976–1996.

Leibholz, Sabine. "Kindheit und Elternhaus." in: Wolf-Dieter Zimmermann(Hg.),
Begegnungen mit Dietrich Bonhoeffer. Ein Almanach, München [2]1965, 12–26.

Leibholz-Bonhoeffer, Sabine. *Vergangen, erlebt, überwunden. Schicksale der Familie
Bonhoeffer*. Gütersloh 61990.

Die mündige Welt. Bd. 1–5, München 1955–1969.

Schlingensiepen, Ferdinand. *Dietrich Bonhoeffer 1906–1945. Eine Biographie*. München 2005.

Schmitz, Florian. *«Nachfolge». Zur Theologie Dietrich Bonhoeffers*. Göttingen 2013.

Scholder, Klaus. *Die Kirchen und das Dritte Reich*. Bd. 1: *Vorgeschichte und Zeit der Illusion.
1918–1934*, Frankfurt am Main 1977; Bd. 2: *Das Jahr der Ernüchterung 1934. Barmen
und Rom*, Frankfurt am Main 1985.

Smid, Marikje. *Deutscher Protestantismus und Judentum 1932/1933*. München 1990.

Strohm, Christoph. *Theologische Ethik im Kampf gegen den Nationalsozialismus. Der Weg
Dietrich Bonhoeffers mit den Juristen Hans von Dohnanyi und Gerhard Leibholz in den
Widerstand*. München 1989.

_____. *Die Kirchen im Dritten Reich*. München [2]2017.

Tietz, Christiane. "Dietrich Bonhoeffer (1906–1945). Theologe im Widerstand." in: Jürgen
Kampmann (Hg.), *Protestantismus in Preußen. Vom Ersten Weltkrieg bis zur deut-
schen Teilung*, Frankfurt am Main 2011, 291–312.

_____. *Karl Barth. Ein Leben im Widerspruch*. München [2]2019.

_____ (Hg.) *Bonhoeffer Handbuch*. Tübingen (im Erscheinen).

사진출처

사진 1, 8, 11: bpk-images/Rotraut Forberg

사진 2,3,5,6,9: Christian Gremmels/Renate Bethge (Hrsg.). *Dietrich Bonhoeffer – Bilder eines
Lebens*. Gütersloher Verlagshaus, Gütersloh, in der Verlagsgruppe Random House
GmbH, 2005.

사진 4: ullstein bild

사진 7, 10: akg-images

사진 12: Privatbesitz

인명 찾아보기

* 인명 둘이 나열된 경우에 뒤의 것은 결혼 전 이름임.